Wohlstand für den Ruhestand

Schritt für Schritt zur perfekten Altersvorsorge

Fabian Thier

2. aktualisierte Auflage

1.Auflage April 2017

2. aktualisierte Auflage Mai 2018

Herstellung und Druck: Siehe Eindruck

auf der letzten Seite

Covergestaltung: pro-ebookcovers/fiverr.com

Coverfoto: www.depositphotos.com

Layout: Fabian Thier

Lektorat: Florian Thier, Hermann Thier

Inhaltsverzeichnis

Vorwort

Liebe Leserinnen und Leser,

wir leben heute in einer Welt, die sich immer schneller zu drehen scheint. Eine Welt, in der es nicht mehr genügt, ein Spezialist für nur ein bestimmtes Thema zu sein. Vielmehr sind ständige Weiterbildungen nötig, will man mindestens den Status quo, also den gegenwärtigen Zustand erhalten. Wir verlieren den Blick für Dinge, die nicht zu unserem täglichen Brot gehören, aber dennoch unser Leben beeinflussen. Es ist fast unmöglich, alle relevanten Themengebiete in der Tiefe zu durchschauen.

Eines dieser schwierig zu durchschauenden und unliebsamen Themen sind unsere Finanzen. Wir überlassen es daher gerne anderen, sich Gedanken um unser Geld zu machen. Mit der Folge, dass wir oft keine eigenen Entscheidungen treffen. Wir akzeptieren die Entscheidungen anderer Personen. Welche die passenden Versicherungsprodukte für uns sind, entscheiden unsere Versicherungsberater. Wie wir unser Geld am besten anlegen sollten, entscheiden unsere Bankberater. Steuerangelegenheiten reichen wir liebend gern an unsere Steuerberater weiter. Die Entscheidung über die Ausgestaltung unserer Sozialversicherungen, nimmt uns die Regierung ab. Kurz zusammengefasst: Wir überlassen diese Entscheidungen den Profis. Das hat natürlich viele Vorteile. Aber eine Konsequenz aus diesem Verhalten ist, dass wir eine geringe finanzielle Bildung haben. Wir geben schließlich alles ab. In der breit gefächerten Disziplin Finanzmanagement, werden aber diejenigen am besten abschneiden, die selbstbestimmt handeln.

In diesem Buch behandele ich speziell das Thema Altersvorsorge. Damit wir unsere Altersvorsorge selbstbestimmt gestalten können, müssen wir aber zunächst unsere finanzielle Bildung aufpeppen. Ich habe dieses Buch geschrieben, weil ich der festen Überzeugung bin, dass eine aktive Auseinandersetzung mit dem Thema „Altersvorsorge", sehr wichtig ist. Dabei hatte ich ursprünglich gar nicht vor ein Buch zu schreiben.

Wie kam es zu diesem Buch?

Vor einigen Jahren hatte ich den dringenden Wunsch, meine eigene Altersvorsorge optimal zu planen und zu gestalten, um das Maximum für meine Frau und mich herauszuholen. Dazu musste ich mir sehr viel Wissen in dem Bereich Vermögensaufbau und Altersvorsorge aneignen.

Da ich aber kein Anlage- oder Steuerberater bin und auch nicht in der Finanzbranche tätig bin, musste ich relativ weit am Anfang mit der Recherche beginnen. Aber mit der Zeit konnte ich meinen persönlichen Horizont zum Thema Vermögensaufbau und

Altersvorsorge extrem erweitern. Ich habe dafür sehr viele Bücher, Blogs und Berichte zu den verschiedensten Teilbereichen des Vermögensaufbaus und speziell der Altersvorsorge gelesen. Es ist sehr interessant, die verschiedenen Blickwinkel von verschiedenen Versicherungen, Banken, Buchautoren, Bloggern und Journalisten miteinander zu vergleichen.

Du kannst Dir sicher vorstellen, dass die Meinungen teilweise weit aus einander gehen oder zum Teil sogar gegensätzlich sind. Wie auch im privaten Kreis aus Familie und Freunden, aber auch im weiteren Umfeld der Kollegen und Bekannten, gibt es demnach auch in der Fachliteratur viele verschiedene Ansichten rund um das Thema Altersvorsorge. Und genau hier, liegt das eigentliche Problem. Wenn Du Dir Deine perfekte Altersvorsorge zusammenstellen möchtest, dann benötigst Du das entsprechende Wissen. Du musst lernen zu selektieren. Wer hat Recht? Wer ist nur ein Wichtigtuer? Wem kannst Du vertrauen?

Das Thema „Altersvorsorge“ ist derart komplex geworden, dass die breite Masse der deutschen Bevölkerung, es einfach nicht mehr durchschauen kann. Die meisten Personen, mit denen ich spreche, wissen zwar um die Problematik ihrer gesetzlichen Rente, aber kaum jemand hat wirklich Interesse sich in das Thema „Altersvorsorge“ einzuarbeiten und eine eigene Strategie zu entwickeln. In der Folge werden Altersvorsorgeprodukte gekauft, die man nicht versteht. Diskutiert man mit diesen Leuten die Vor- und Nachteile, der von ihnen erworbenen Altersvorsorgeprodukte, dann wird eines schnell klar. Jeder verteidigt seine Entscheidungen. Niemand will gegenüber anderen eingestehen, dass Frau oder Mann in finanziellen Dingen vielleicht einen Fehler gemacht hat. Und Wissenslücken, gibt weder Mann noch Frau gerne zu. Das hat die Folge, dass beim Mittagessen mit den Kollegen, beim Stammtisch mit den Freunden oder bei einem Kaffeekränzchen mit der Familie, sehr viele Halbwahrheiten ausgesprochen werden.

Vielleicht kommt Dir das folgende Beispiel bekannt vor. In einer Gruppe unterhält man sich über das Thema Altersvorsorge. Einer sagt, die Riester Rente lohnt sich immer. Du bekommst Geld vom Staat geschenkt. Ein anderer entgegnet, die Riester Rente lohnt sich nicht, da die Kosten viel zu hoch sind. Ein Dritter empfiehlt allen Gesprächsteilnehmern eine Lebensversicherung. Finger weg von Aktien, rät eine andere Stimme. Die Börse ist ein Spielkasino. Die Vielzahl der möglichen, verschiedenen Meinungen hat einen entscheidenden Grund, den ich oben bereits angedeutet habe. Das Thema „Altersvorsorge" ist verdammt schwer zu durchblicken. Die verschiedenen Möglichkeiten der Altersvorsorge, die sich jedem von uns stellen, sind sehr vielfältig, nicht transparent und damit sehr schwer miteinander vergleichbar. Außerdem kann heute niemand genau sagen, wie hoch sein Kapitalbedarf in zwanzig, dreißig oder vierzig Jahren tatsächlich sein wird. Ich denke, dass aus diesem Informationsmangel heraus, immer die oben genannten Verallgemeinerungen auf den Tisch kommen. Am Ende einer Unterhaltung ist allerdings keiner schlauer als vorher.

Im Gegenteil, man ist eher verwirrt und unsicher ob der eigenen Altersvorsorge. Ich habe sehr viel Zeit investiert, um nahezu alle Facetten dieses Themas zu beleuchten und zu verstehen. Irgendwann ist in mir der Entschluss gereift, ein Buch zu schreiben, in dem alle relevanten Informationen, in möglichst einfacher Weise erklärt werden. Mit diesem Buch versuche ich, dieses Durcheinander zu ordnen und Dir schrittweise die verschiedenen Bauteile einer privaten Altersvorsorge sowie deren Vor- und Nachteile, zu erklären. Ich denke, wir alle erreichen nur dann Wohlstand für unseren Ruhestand, wenn wir unsere eigene Altersvorsorge verstehen und selber aktiv gestalten lernen.

Wie ist das Buch aufgebaut?

In dem ersten Teil dieses Buches gehe ich zunächst auf die Funktionsweise der gesetzlichen Rentenversicherung ein und zeige Dir, welche Faktoren überhaupt das Rentenniveau in Deutschland bestimmen. Außerdem erfährst Du, warum die gesetzliche Rentenversicherung in Zukunft nicht mehr als eine Basisversorgung darstellen wird und Du nur mit ungefähr 40% Deines aktuellen Nettoeinkommens als Rente kalkulieren solltest. Um die ganze Thematik greifbar zu machen, werde ich eine fiktive Person vorstellen, anhand derer ich Dir den Begriff „Rentenlücke“ erklären werde.

Im zweiten Teil schreibe ich über Deine möglichen persönlichen Ziele für Deinen Ruhestand und wie Du diese erreichen kannst. Möchtest Du möglichst viel Geld auf Deinem Konto haben? Oder möchtest Du lieber eine möglichst hohe, lebenslange monatliche Rente ausgezahlt bekommen?

Im dritten Teil gehen wir dann ans Eingemachte. In diesem Teil werden wir die drei staatlich geförderten Zusatzrenten behandeln. Wir erarbeiten, wie die Produkte funktionieren und gehen auf die jeweiligen Chancen und Risiken ein. Außerdem gebe ich Dir jeweils ein Berechnungsbeispiel.

Im vierten Teil zeige ich Dir, welche Formen der privaten Altersvorsorge es neben den staatlichen Förderrenten gibt. Auch in diesem Teil werde ich die Funktionsweisen, sowie die Chancen und Risiken in den Vordergrund stellen. Ich werde Dir anhand von Beispielen zeigen, was Du von diesen Produkten erwarten darfst.

In Teil Fünf geht es dann um eine möglichst clevere, private Altersvorsorge in Eigenregie. Ich zeige Dir, wie Du ohne staatlich subventionierte Produkte und ohne die Versicherungsbranche, eine zusätzliche Altersvorsorge für Deinen Wohlstand im Ruhestand erreichen kannst.

In Teil Sechs fasse ich noch einmal alles zusammen und gebe eine kurze Übersicht, was ich für eine sinnvolle Altersvorsorge halte.

Abschließend möchte ich Dich noch darauf hinweisen,

dass ich nicht in der Finanzbranche tätig bin. Ich bin kein Anlage- oder Steuerberater und darf Dir keine persönlichen Produktempfehlungen geben. Daher beschränke ich mich in diesem Buch auf fiktive Beispiele. Ich halte die Berechnungen so einfach wie möglich, um Dir transparent zu zeigen, wie die verschiedenen Produkte funktionieren. Wie bereits im Untertitel des Buches zu erkennen ist, werde ich Dir Schritt für Schritt alle wichtigen Dinge für Deine Altersvorsorge erläutern. Dafür ist es an der ein oder anderen Stelle notwendig, dass ich etwas weiter aushole, um Dir den bestmöglichen Gesamtüberblick über das jeweilige Themengebiet zu geben. Ich habe aber bewusst auf zu komplexe Details in den Erklärungen verzichtet, da diese oft nur verwirren, aber keinen großen Einfluss auf das Gesamtbild haben.

Verstehe das Buch bitte als einen Leitfaden, der Dich durch das Labyrinth der Altersvorsorge in Deutschland führen soll. Du sollst am Ende des Buches einen klaren Überblick darüber haben, wie hoch Deine Rente einmal ausfallen wird, welche Ziele Du für Deinen Ruhestand hast, wie hoch dementsprechend Deine Rentenlücke sein wird, welche Produkte Dir für eine private Altersvorsorge zur Verfügung stehen und welche Produkte am besten zu Deinen persönlichen Zielen passen.

Keinesfalls handelt es sich um ein wissenschaftliches Buch, das jedes Detail und alle Eventualitäten der vorgestellten Themen, Produkte und Berechnungen berücksichtigt. Das würde den Rahmen eines Einsteigerbuches über die gängigen Fragestellungen der Altersvorsorge bei weitem übersteigen. Ich wünsche Dir jedenfalls viel Spaß beim Lesen und hoffe, dass ich Deine Erwartungen in dieses Buch erfüllen kann und Du am Ende die richtigen Dinge für Dich mitnehmen kannst.

Mit freundlichen Grüßen,

Fabian Thier

1. Altersrente in Deutschland

1.1 Einführung Altersrente

In dem ersten Teil dieses Buches, werde ich Dir die grundlegenden Fakten rund um die gesetzliche Altersrente in Deutschland darstellen. Dafür werden ich Dir in einem ersten Schritt zeigen, wie das deutsche Rentensystem grundsätzlich funktioniert. Wir klären, was genau das Rentenniveau ist und welche Einflussfaktoren auf das Rentenniveau wirken. In einem zweiten Schritt werde ich Dir eine erste Beispielrechnung für meinen fiktiven Charakter zeigen und Dir eine Webseite empfehlen, auf der Du Deine persönliche Rentenlücke berechnen kannst. Abschießend werde ich das Kapitel in einem Fazit zusammenfassen und Dir die wichtigsten Erkenntnisse noch einmal auf den Punkt bringen.

Ich beantworte die folgenden Fragen:

Wie ist das heutige Rentensystem entstanden?

Wie funktioniert das Rentensystem?

Wie werden die Renten berechnet?

Wer bestimmt die Höhe der Renten?

Welche Einflussfaktoren wirken auf das Rentenniveau?

Wie hoch wird Deine Rente ausfallen?

1.2 Das deutsche Rentensystem

Wie ist unser heutiges Rentensystem entstanden?

Das deutsche Rentensystem ist heute schon fast 60 Jahre alt. 1957 hat die deutsche Bundesregierung, unter dem damaligen Bundeskanzler Konrad Adenauer, das System einer staatlichen Altersrente in Deutschland eingeführt. Zu einer Zeit, in der die Menschen keine Rücklagen für ihren Ruhestand hatten, war das Ziel dieses neuen Systems, dass jeder Rentner eine Rente im Bereich von ungefähr 70% seines letzten Gehalts bekommen sollte. Damit Adenauer diese Rente trotz Mangel an liquiden Mitteln finanzieren konnte, bedurfte es eines Tricks. Die neue deutsche Rentenversicherung war ein Umlagesystem zwischen verschiedenen Generationen. Der sogenannte Generationenvertrag wurde geboren.

Wie funktionierte der Generationenvertrag?

Alle Personen, die in einem Angestelltenverhältnis in der Bundesrepublik Deutschland arbeiteten, mussten ab sofort, per Gesetz, einen Teil ihres monatlichen Gehalts an den Staat abgeben. Aus diesen Geldern bekamen die damaligen Rentner ihre Rente ausgezahlt. Die Beitragszahler erwirkten mit ihren damaligen Abgaben, dass sie selber im Alter eine Rente bekommen würden. Dieses System hat bis heute Bestand. Die arbeitende Generation zahlt mit ihren Beiträgen in die gesetzliche Rentenversicherung, die Rente für die Generation, die sich im Ruhestand befindet. Im Grunde ist die deutsche Rentenversicherung also nichts anderes, als eine Versicherung gegen Arbeitslosigkeit im Alter.

Wie funktioniert die Rentenversicherung heute?

Wenn Du Dein Einkommen aus nicht selbstständiger Arbeit beziehst, dann bist Du per Gesetz dazu verpflichtet, jeden Monat einen Teil Deines Einkommens in die gesetzliche Rentenversicherung einzuzahlen. Die Beteiligung an diesem System ist nicht verhandelbar und so von jedem deutschen Bürger, der aus einem Angestelltenverhältnis Einkommen bezieht, zu erbringen. Genau wie die Kranken-, Pflege- und Arbeitslosenversicherung auch, wird Dein Beitrag direkt von Deinem Bruttogehalt abgezogen. Dein Beitrag für die Rente wird sofort an die Deutsche Rentenversicherung überwiesen. Außer dem Hinweis auf Deinem Gehaltszettel, bekommst Du von diesem Vorgang nichts mit.

Dabei gilt:

Wenn Du verhältnismäßig viel verdienst, zahlst Du hohe Beiträge und erhältst dementsprechend eine hohe Rente. Verdienst Du weniger, zahlst Du verhältnismäßig geringere Beiträge und erhältst entsprechend eine geringere Rente. Die Höhe Deiner Altersrente errechnet sich also maßgeblich aus Deinem Gehalt. Aber nicht ausschließlich.

Welche Berufsgruppen müssen sich nicht beteiligen?

Grundsätzlich müssen sich Beamte, wie Politiker, Lehrer, Polizisten etc., nicht an dem gesetzlichen Rentensystem beteiligen. Außerdem steht es selbstständig arbeitenden Personen frei, sich an dem Umlagesystem zu beteiligen. Eine Sonderregelung genießen außerdem Angestellte mit einem Jahresbruttoeinkommen von über 56.250€ (Stand 2016). Diese Personen haben ebenfalls ein Wahlrecht.

Wie wird die genaue Höhe Deiner Rente berechnet?

Laut Statistischem Bundesamt arbeiten 31 Millionen sozialversicherungspflichtige Beschäftigte in Deutschland. Das aktuelle Durchschnittsbruttoeinkommen dieser Gruppe beträgt laut deutscher Rentenversicherung 36.267€ (2016). Um die Höhe Deiner Rente zu berechnen, benutzt die deutsche Rentenversicherung sogenannte Rentenpunkte. Dabei wird Dein Jahresbruttoeinkommen mit dem durchschnittlichen Jahresbruttoeinkommen aller rentenversicherten Bürger verglichen. In jedem Jahr, in dem Du exakt den Durchschnittswert (36.267€ in 2016) verdient hast, erhältst Du genau einen Rentenpunkt. Wenn Du nur die Hälfte verdient hast, dann bekommst Du auch nur einen halben Rentenpunkt.

Wenn Du das Doppelte verdient hast, dann bekommst Du zwei Rentenpunkte. Wenn Du ein Jahr arbeitslos gewesen bist oder aus einem anderen Grund nicht in die

Rentenversicherung eingezahlt hast, dann bekommst Du leider keinen Rentenpunkt. Eine Ausnahme stellt die Elternzeit dar. Für Kindererziehungszeiten erhältst Du trotzdem Rentenpunkte, obwohl Du in dieser Zeit keine Beiträge in die Rentenversicherung einzahlst.

Am Ende Deines Berufslebens werden dann alle von Dir erworbenen Rentenpunkte aufsummiert und dann mit dem aktuellen Rentenwert multipliziert. Der Rentenwert ist die aktuelle Bewertung für einen Rentenpunkt. In Deutschland wird oft die Eck-Rente oder der Eck-Rentner, für solche Bewertungen herangezogen. Eine Durchschnittsrente. Die Eck-Rente ergibt sich aus 45 Jahren Durchschnittsbruttoverdienst und damit 45 Rentenpunkten. Wer also im Laufe seines Berufslebens 45 Rentenpunkte gesammelt hat, bekommt eine Rente in Höhe von 45 Punkten multipliziert mit dem aktuell gültigen Rentenwert.

Für 2016 beträgt dieser Wert 30,45€ in den alten Bundesländern und 28,66€ in den neuen Bundesländern. Im weiteren Verlauf dieses Buches, werde ich der Einfachheit halber, nur noch mit den Daten der alten Bundesländer weiterrechnen. Ich gehe davon aus, dass sich die Rentenwerte in den kommenden Jahren angleichen werden. Wer in den alten Bundesländern wohnt und 45 Rentenpunkte gesammelt hat, bezieht demnach eine monatliche Bruttorente in Höhe von 1.370,25€. (45 Punkte x 30,45€)

Wer bestimmt den Rentenwert?

Die Antwort auf diese Frage ist simpel und einleuchtend. Die Bundesregierung legt den Rentenwert jedes Jahr neu fest. Dabei wird der Rentenwert am Lohnniveau in Deutschland ausgerichtet. Außerdem bestimmt die Bundesregierung durch das Renteneintrittsalter die mögliche Anzahl der Rentenpunkte. Es existieren also genau drei Stellschrauben, die Deine zukünftige Altersrente beeinflussen.

- Deine erzielten Rentenpunkte (Dein Gehalt)
- Der Rentenwert im Jahr Deines Renteneintritts
- Dein Renteneintrittsalter

Wie genau sich der Rentenwert in den letzten Jahren entwickelt hat, zeige ich Dir in dieser Tabelle.

Tabelle 1: Rentenerhöhungen 2000 bis 2015

Jahr	Erhöhung in %
2000	0,6
2001	1,91
2002	2,16
2003	1,04
2004	0
2005	0
2006	0
2007	0,54
2008	1,1
2009	2,41
2010	0
2011	0,99
2012	2,18
2013	0,25
2014	1,67
2015	2,1
Durchschnitt	**1,06**

Die Renten steigen jedes Jahr im Durchschnitt um ungefähr 1% (alte Bundesländer). In den neuen Bundesländern sind die Rentenerhöhungen in den letzten Jahren höher gewesen. Das liegt daran, dass die Renten der neuen Bundesländer, Schritt für Schritt, an die Renten der alten Bundesländer angepasst werden.

Halten wir fest, dass die Renten in Deutschland um durchschnittlich 1% pro Jahr steigen. Jetzt könntest Du meinen, dass sei doch ein positives Zeichen. Leider ist dem nicht so. Um zu verstehen, warum das sogar negativ ist, müssen wir uns kurz mit der Inflation beschäftigen.

1.3 Inflation

Was bedeutet Inflation?

Googelt man das Wort „Inflation“, dann ist der erste Treffer, der entsprechende Wikipedia Eintrag. Demnach kommt das Wort „Inflation“ von dem lateinischen Wort „inflatio“ und bedeutet Schwellung oder Anschwellen. Anders ausgedrückt, bezeichnet das Wort „Inflation“ eine ständig anhaltende Erhöhung der Preise für Güter und Dienstleistungen in einer Volkswirtschaft. D. h. alle Produkte und Dienstleistungen werden jedes Jahr teurer.

Ein Beispiel:

Im Jahr 2006 konnte ich einen Kinobesuch, bestehend

aus Film, Getränk und Popcorn für ca. 12€ realisieren. Im Jahr 2015 musste ich für einen ähnlichen Besuch bereits 14€ bezahlen. Die Preise sind gestiegen. Im Fachjargon spricht man davon, dass die Kaufkraft geringer wird. Mein Geld hat also an Wert verloren.

Wie wird die Inflation gemessen?

Zur Bestimmung der Inflation, wird jedes Jahr ein repräsentativer Warenkorb berechnet. Der Warenkorb ist eine Statistik, die darüber Aufschluss gibt, welche Kosten für einen durchschnittlichen Haushalt (in Deutschland 2,3 Personen) anfallen. Enthalten sind neben den Miet- und Energiekosten auch die Kosten für Lebensmittel und ähnliches. Um zu berechnen, um wie viel Prozent die Preise für Güter und Dienstleistungen gestiegen sind, wird dieser Warenkorb jedes Jahr mit dem aktuell berechneten Warenkorb verglichen. Es wird also immer der Warenkorb aus dem vergangenen Jahr, mit dem Warenkorb des aktuellen Jahres verglichen. Auf den Internetseiten Inflation.eu kannst Du Dir die historischen Inflationsraten aller EU-Länder ansehen. Ich habe das, zum Zweck dieses Buches, einmal für Deutschland getan und aus den Daten folgende Grafik erstellt.

Grafik 1: Inflation in Deutschland 2000 bis 2015

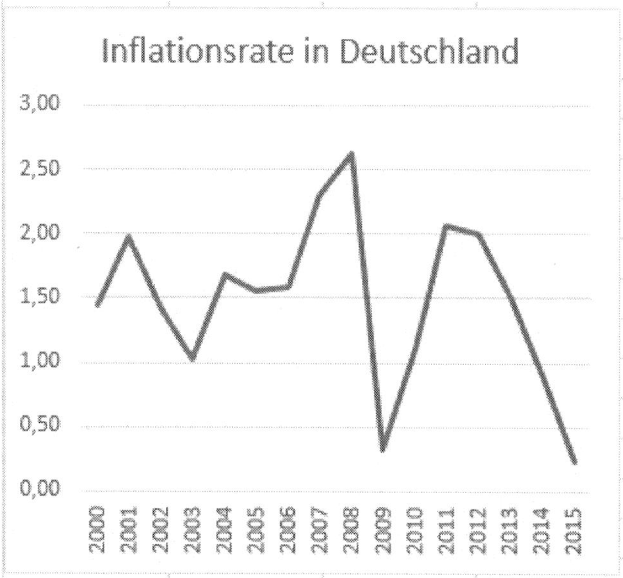

Die durchschnittliche Inflationsrate der letzten 16 Jahre, liegt bei ziemlich genau 1,5% pro Jahr. Wir können davon ausgehen, dass diese Rate auch in den nächsten Jahren Bestand haben wird. Mal mehr, mal weniger, im Durchschnitt aber ungefähr 1,5% pro Jahr. Dafür spricht, dass die Europäische Zentralbank eine Inflation von ungefähr 2% anstrebt. Spätestens jetzt ist auch klar, dass eine durchschnittliche jährliche Rentenerhöhung um ungefähr 1%, ein realer Verlust für jeden Rentner ist. Um das noch einmal tabellarisch darzustellen, habe ich die Entwicklung der Rentenwerte und der Inflation gegenübergestellt.

Tabelle 2: Rentenerhöhungen und Inflation

Jahr	Erhöhung in %	Inflation in %	Differenz
2000	0,6	1,44	-0,84
2001	1,91	1,98	-0,07
2002	2,16	1,42	0,74
2003	1,04	1,03	0,01
2004	0	1,67	-1,67
2005	0	1,55	-1,55
2006	0	1,58	-1,58
2007	0,54	2,30	-1,76
2008	1,1	2,63	-1,53
2009	2,41	0,32	2,09
2010	0	1,10	-1,10
2011	0,99	2,07	-1,08
2012	2,18	2,01	0,17
2013	0,25	1,50	-1,25
2014	1,67	0,91	0,76
2015	2,1	0,23	1,87
Durchschnitt	**1,06**	**1,48**	**-0,42**

Durchschnittlich verlieren die deutschen Renten demnach jährlich um 0,42 Prozentpunkte an Wert.

1.4 Das Rentenniveau in Deutschland

Ich habe jetzt schon oft über das Rentenniveau geschrieben. Aber was bedeutet das eigentlich genau? Das Rentenniveau bezeichnet ganz einfach ausgedrückt, das Verhältnis zwischen der Eck-Rente (45 Rentenpunkte) und dem Durchschnittseinkommen der erwerbstätigen Personen aus dem Bezugsjahr.

Für das Jahr 2016 bedeutet das, bei einer jährlichen Eckrente in Höhe von 16.443€ (1.370€ x 12 Monate) und einem Durchschnittseinkommen aller Beitragszahler von 36.267€, ein Rentenniveau von ungefähr 45%. Da wir an dieser Stelle jeweils die Bruttowerte genommen haben, handelt es sich um das Bruttorentenniveau. Dabei kann das Rentenniveau in drei verschiedenen Varianten berechnet werden, die ich zu Deinem besseren Verständnis einmal kurz anreißen möchte.

Wir unterscheiden die folgenden drei Varianten des Rentenniveaus in Deutschland.

- Bruttorentenniveau
- Nettorentenniveau
- Nettorentenniveau vor Steuern

Das Bruttorentenniveau vergleicht die Bruttoeckrente mit dem Bruttodurchschnittsjahreseinkommen aller sozialversicherungspflichtiger Beschäftigten in dem Bezugsjahr. Das Nettorentenniveau vergleicht die Nettoeckrente mit dem

Nettodurchschnittsjahreseinkommen. Also die jeweilige Bruttovariante, abzüglich Sozialversicherungsbeiträgen und Steuern. Das Nettorentenniveau vor Steuern lässt die Steuerabgaben bei der Berechnung außen vor. Es ist wichtig diesen Unterschied zu kennen; denn nur dann können wir verschiedene Jahre miteinander vergleichbar machen. Denn in Deutschland wird erst seit dem Jahr 2005 das Nettorentenniveau vor Steuern als allgemein gültiges Rentenniveau ausgewiesen. Bis 2005 wurde stets das Nettorentenniveau als gültiges Rentenniveau in Deutschland ausgewiesen.

Warum das Ganze?

Nun ja, in dem Jahr 2005 ist das Altersvermögensergänzungsgesetz in Deutschland in Kraft getreten. Der Hauptpunkt dieses Gesetzes ist, dass ab dem Jahr 2005 die gesetzliche Rente nachgelagert, mit dem persönlichen Einkommenssteuersatz, versteuert werden muss. Aber nicht ab sofort in einem radikalen Schnitt, sondern scheibchenweise steigend bis zum Jahr 2040. Das bedeutet, wenn Du nach 2040 in Rente gehst, dann wird Deine Rente komplett besteuert. Im Gegensatz dazu, zahlt jemand der im Jahr 2005 in Rente gegangen ist, keine Steuern auf die Rente. Erreichst Du das Rentenalter im Jahr 2030, dann musst Du nur einen Teil Deiner Rente versteuern. Da nun die steuerliche Belastung eines Rentners im Jahr 2017 deutlich niedriger ist, als die eines Rentners im Jahr 2030, ist das Nettorentenniveau nicht mehr aussagekräftig.

Wenn wir einen historischen Vergleich des Rentenniveaus in Deutschland ziehen wollen, dann müssen wir, für die Jahre vor 2005, das Nettorentenniveau vor Steuern heranziehen. Das Nettorentenniveau vor Steuern im Vergleich (Quelle: www.sozialpolitik-aktuell.de)

Tabelle3: Nettorentenniveau vor Steuern 1990 - 2030

Jahr	Rentenniveau
1990	55%
2001	53%
2009	52%
2015	47%
2030	43%

Wir stellen fest, dass unser Rentenniveau seit den 1990er Jahren kontinuierlich sinkt. Warum das so ist, haben wir besprochen. Die Renten verlieren jedes Jahr an Wert. Jetzt fragst Du Dich sicher, warum man die Renten nicht einfach erhöht. Warum das nicht geht und warum das Rentenniveau in Zukunft sogar noch weiter sinken wird, erkläre ich Dir auf den folgenden Seiten.

1.5 Der demographische Wandel

Glauben wir den Daten des Statistischen Bundesamtes, wird die deutsche Bevölkerung von Jahr zu Jahr immer älter.

Ich habe einige Zahlen für Dich, die das Altern unserer Bevölkerung belegen.

Im Jahr 1964 waren von der deutschen Bevölkerung

- 29% unter 20 Jahre alt
- 53% zwischen 20-60 Jahre alt
- 18% über 60 Jahre alt

Das durchschnittliche Alter betrug demnach 34,2 Jahre.

Im Jahr 2000 waren von der deutschen Bevölkerung

- 21% unter 20 Jahre alt.
- 62% zwischen 20-60 Jahre alt
- 17% über 60 Jahre alt

Das durchschnittliche Alter betrug bereits 39,6 Jahre.

Da die demographische Entwicklung schon weit in die Zukunft vorausberechnet werden kann, hat das Statistische Bundesamt auch Hochrechnungen für die Jahre 2030 und 2060 veröffentlicht.

Demnach werden im Jahr 2030 folgende Zahlen erwartet

- 17% unter 20 Jahren
- 55% zwischen 20-64 Jahre
- 28% über 65 Jahren

Das durchschnittliche Alter wird dann bereits 47,8 Jahre betragen.

Im Jahr 2060 rechnet man mit folgenden Zahlen.

- 16% unter 20 Jahren
- 50% zwischen 20-64 Jahren
- 34% über 64 Jahren

Das durchschnittliche Alter wird erstaunliche 50,6 Jahre betragen.

Warum ist das so?

Die schleichende Vergreisung der deutschen Bevölkerung hat genau zwei Gründe. Stetige rückläufige Geburtenzahlen und ein stetig steigendes Sterbealter.

Auch zu diesen beiden Ursachen habe ich einige Zahlen für Dich herausgesucht. In Deutschland werden seit den 1960er Jahren kontinuierlich weniger Kinder geboren. Seit dem Babyboom in den 1960er Jahren, in denen im Spitzenjahr 1964 genau 1.357.304 Kinder in Deutschland geboren wurden, hat sich die Anzahl der Geburten bis ins Jahr 2015 auf genau 737.505 Kinder fast halbiert. In den 1960er Jahren bekam eine deutsche Frau im

Durchschnitt noch 2,5 Kinder. Heute bekommt eine deutsche Frau im Durchschnitt „nur“ noch 1,38 Kinder. Deutschland ist in Europa, das Land mit der niedrigsten Geburtenzahl pro Kopf.

Was hat die Demographie mit der Rente zu tun?

Der Generationenvertrag funktioniert leider nur dann, wenn es genug Beitragszahler gibt. Durch die niedrigen Geburtenzahlen gibt es aber nicht genug Menschen, die in die gesetzliche Rentenversicherung einzahlen. Das ist heute schon so und erst recht in der Zukunft. Das belegen die Zahlen eindeutig. Die Menschen in Deutschland werden durch den medizinischen Fortschritt immer älter und beziehen daher länger Rente, was in Kombination mit den rückläufigen Geburtenzahlen, die beiden Hauptpunkte sind, warum das Rentenniveau in Deutschland weiter sinken wird.

Die Lebenserwartung bei der Geburt eines Kindes erhöht sich in Deutschland seit vielen Jahren kontinuierlich und liegt aktuell bei 78 Jahren für neugeborene Jungen und 83 Jahren für neugeborene Mädchen. Für die gesetzliche Rente sind diese beiden Umstände eine enorme Herausforderung, die diese bereits heute nicht mehr erfüllen kann. Die Renten werden bereits heute nur zu zweidrittel aus den Rentenversicherungsbeiträgen gedeckt. Die fehlenden 30% zahlt der Staat durch Steuergelder. Das Umlagesystem ist also bereits heute gescheitert. Die Hauptauswirkungen sind aber trotzdem erst ab dem Jahr 2020 zu erwarten, wenn die geburtenstarken Jahrgänge der 1960er Jahre aus dem Erwerbsleben ausscheiden und in den Ruhestand gehen.

Glauben wir den Vorausberechnungen des Statistischen Bundesamtes, dann wird dieser doppelte Effekt dazu führen, dass bereits im Jahr 2060 34% der deutschen Bevölkerung über 65 Jahre alt und damit im Rentenalter sein wird. Die gesetzliche Rentenversicherung steht bereits im Jahr 2040 vor dem Problem, dass nur noch 1,9 Arbeitnehmer, für einen Rentner aufkommen können. Das hat die bittere, aber eindeutige Konsequenz, dass im Verlauf der nächsten Jahrzehnte immer weniger Geld, für immer mehr Rentner vorhanden sein wird. Der Staat wird einen immer größeren Teil der Renten aus Steuergeldern finanzieren müssen. Berufsanfänger, die das Rentenalter von aktuell 67 Jahren erst in 45 Jahren erreichen, werden voraussichtlich eine Rente in Höhe von maximal 30% bis 40% ihres durchschnittlichen Nettogehalts bekommen.

Wir können festhalten, dass die demographische Entwicklung in Deutschland eine Katastrophe für das Rentensystem darstellt. Die gesetzliche Rentenversicherung, basierend auf dem Generationenvertrag, stellt keine langfristige Lösung für dieses Problem dar. Die demographischen Gegebenheiten zwingen unser Rentensystem bereits heute in die Knie.

1.6 Deine Rente

Wie hoch wird Deine Rente ausfallen?

Um das Geschriebene auch einmal praktisch auszurechnen, habe ich mir überlegt, dass ich in diesem Buch eine fiktive Person vorstelle, anhand derer wir verschiedene beispielhafte Berechnungen durchführen werden. Weil ich schon immer sehr kreativ war, nenne ich diese Person Max Musterarbeiter.

Max ist 35 Jahre alt und hat noch 32 Jahre bis zu seinem geplanten Renteneintritt mit 67 Jahren vor sich. Max hat ein Bruttojahreseinkommen von 36.000€, was einem Bruttomonatsgehalt von 3.000€ entspricht. Damit entspricht Max dem Durchschnittsverdiener in Deutschland.

Um die zukünftige gesetzliche Rente von Max zu berechnen, müssen zunächst einmal einige Annahmen getroffen werden. Wir gehen daher von folgenden Prämissen aus. Max gelingt es sein Jahreseinkommen jedes Jahr um durchschnittlich 1,5% steigern. Max hat Glück und er wird sein Leben lang nicht von Arbeitslosigkeit betroffen sein. Er wird außerdem nicht für eine längere Zeit krank und kann planmäßig im Alter von 67 Jahren in Rente gehen. Wir kalkulieren mit dem aktuellen Rentenwert der alten Bundesländer und tun so, als würden seine Gehaltssteigerungen und die Inflation sich gegenseitig egalisieren. Max würde eine Rente in Höhe von 932€ heutiger Kaufkraft erhalten.

Max erhält also eine Rente in Höhe von 48% seines aktuellen Nettogehalts.

Bitte bedenke, dass diese Berechnungen auf dem heutigen Stand und der Annahme beruhen, dass Max sein Gehalt jedes Jahr um die durchschnittliche Inflationsrate steigern kann. Zurück zu Deiner Situation. Wir gehen gelassen von den heutigen Zahlen aus und stellen zu diesem Zeitpunkt fest, dass Deine Rente ungefähr 930€ betragen wird, wenn Du heute 35 Jahre alt bist und ca. 3.000€ pro Monat verdienst. Berechnet habe ich diese Daten mit dem Rentenrechner auf den Internetseiten von dem Deutschen Institut für Altersvorsorge.

www.ihre-rentenlücke.de

Auf diesen Seiten kannst Du mit Deinen individuellen Daten, Deine persönliche ungefähre gesetzliche Altersrente ausrechnen und Deine Rentenlücke bestimmen (mehr dazu im nächsten Kapitel).

Hinweis:

In dem Rechner sind grundsätzlich, die für das aktuelle Jahr gültigen Daten hinterlegt. Damit Du mit unseren Annahmen kalkulieren kannst, musst Du die Daten entsprechend ändern. Wenn Du durch andere Annahmen zu anderen Werten kommst, ist das auch gut. Es sind schließlich alles Prognosen.

Unsere gewählten Einstellungen noch einmal im Überblick:

Rentenanpassung pro Jahr + 1%

Inflation pro Jahr + 1,5%

Lohnentwicklung pro Jahr +1,5%

Generell gilt, dass die auf den Internetseiten berechneten Renten nur Näherungswerte sind, da niemand zum heutigen Zeitpunkt mit Sicherheit sagen kann, wie die zukünftigen Entwicklungen der Gehälter, der gesetzlichen Renten oder der Inflation ausfallen werden. Du hast nun eine ungefähre Vorstellung davon bekommen, welche Faktoren die Höhe Deiner gesetzlichen Altersrente beeinflussen und wie hoch Deine Rente im Alter ausfallen wird. Wir können bei realistischen Annahmen aber davon ausgehen, dass Deine und meine gesetzliche Rente nur im Bereich von 40% bis 50% unseres aktuellen Nettomonatsgehalts liegen werden.

1.7 Fazit gesetzliche Rente

Das deutsche Rentensystem hatte zu Adenauers Zeiten sicher seine Berechtigung. Viele Arbeitnehmer finanzierten durch ihre Beiträge, die wenigen Rentner. Doch im Laufe der Jahre hat sich die Situation geändert und spätestens heute müssen wir erkennen, dass dieses System nicht mehr funktioniert. Es ist jedoch aktuell kein Ausweg in Sichtweite, da die großen politischen Parteien an unserem umlagefinanzierten Rentensystem auch in Zukunft festhalten wollen. Die Rente sollte immer eine Belohnung für ein arbeitsreiches Leben sein, aber die Zeiten haben sich dramatisch geändert. Das Rentenniveau wird voraussichtlich auch in Zukunft weiter sinken, weil die Renten auch zukünftig nicht mit der Inflationsrate ansteigen werden. Meiner Meinung nach, wird außerdem das Renteneintrittsalter in den nächsten Jahren weiter ansteigen, damit das kaputte Rentensystem die letzten lebenserhaltenden Maßnahmen bekommen kann.
Wer nach dem Jahr 2030 in Rente geht, erhält nur noch ca. 43% des letzten Nettogehalts als Rente. Dieses Niveau kann und wird sich in 30 bis 40 Jahren nochmal verringern. Die gesetzliche Rente wird für meine Generation (1985) und alle nachfolgenden Generationen, nur noch eine kleine Basisversorgung für den Ruhestand sicherstellen. Bei stagnierenden Löhnen, sinkenden Rentenwerten und steigender Inflation, wird die Rente möglicherweise noch weiter an Wert verlieren.

Was für Möglichkeiten haben wir?

Um es direkt vorweg zu sagen. Wir haben keine Chance auf Besserung, sofern die Bundesregierung nicht das Rentensystem ändert. Die Inflation können wir genauso wenig beeinflussen, wie die Entwicklung der Rentenwerte. Wir haben aber genau zwei Möglichkeiten, um unser Einkommen im Alter zu erhöhen:

1. Gehaltssteigerungen
2. Private Altersvorsorge

Was bedeutet das für Dich?

Wenn es Dir gelingt, Dein Gehalt um durchschnittlich mehr als 1,5% pro Jahr zu steigern, dann bekommst Du automatisch eine höhere Rente. Wenn Dein Gehalt nur in kleinen Schritten wächst oder sogar stagniert, ist gegenteiliges der Fall. Mit einem höheren Einkommen, steigen auch Deine Rentenpunkte. Wenn Du über der Inflationsrate liegst, dann steigt Deine Rentenerwartung, weil Du prozentual mehr Rentenpunkte erwirbst, als der Rentenwert gleichzeitig sinkt. Diese Rechnung geht aber praktisch nur dann auf, wenn Du mit steigendem Gehalt, nicht auch Deinen Lebensstandard linear erhöhst. Denn dann, wirst Du im Alter auch größere finanzielle Mittel benötigen. Die Devise lautet daher: Verdiene mehr Geld und halte Deine Ausgaben konstant!

Die zweite Möglichkeit, um Dein Einkommen als Rentner zu erhöhen, ist die private Altersvorsorge. Die private

Altersvorsorge wird mit darüber entscheiden, wer im Alter zu der vermögenden und wer zu der armen Bevölkerungsschicht gehört. Wer seinen Ruhestand in Würde verbringen kann und wer sich die beste medizinische Versorgung leisten kann. Daher sind die folgenden Kapitel, in denen ich Dir die gängigen Möglichkeiten der privaten Altersvorsorge einfach und verständlich erläutern werde, extrem wichtig für Dich.

2. Ziele, Chancen und Risiken

2.1 Einführung

In dem ersten Teil des Buches haben wir über die grundsätzlichen Schwächen der gesetzlichen Rentenversicherung gesprochen. Die gesetzliche Rente wird in 30 bis 40 Jahren mit großer Wahrscheinlichkeit nur ungefähr 40% Deines aktuellen Nettogehalts betragen. Bevor wir über konkrete Handlungsalternativen nachdenken, möchte ich mit Dir in diesem Teil über Deine Ziele für Deinen Ruhestand sprechen. Im Detail werden wir die folgenden Fragen beantworten:

Was passiert, wenn Du neben der gesetzlichen Rente gar keine Altersvorsorge betreibst?

Wie sieht der schlechteste Fall aus?

Wie stellst Du Dir Deinen Ruhestand vor?

Welche Ziele hast Du?

Wie hoch wird Dein tatsächlicher finanzieller Bedarf im Alter sein?

Wie groß ist dementsprechend Deine Rentenlücke?

2.2 Grundsicherung

Wenn Du neben der gesetzlichen Rentenversicherung keine weitere Altersvorsorge betreibst, dann wirst Du Deine aktuellen Lebensgewohnheiten in Deinem Ruhestand stark einschränken müssen. Aber was passiert eigentlich, wenn Deine gesetzliche Altersrente so gering ausfällt, dass Du existenzielle Probleme bekommst? Konkret ausgedrückt, was passiert, wenn Deine gesetzliche Rente unterhalb der Grundsicherung liegt? Wer als Single im Alter weniger als 774€ pro Monat zur Verfügung hat, der hat ein Anrecht auf Grundsicherung. Die Grundsicherung ist nur ein anders Wort für Sozialhilfe.

Die Grundsicherung setzt sich Stand 2016 aus 404€ Grundsicherung, zuzüglich 370€ für Wohn- und Nebenkosten zusammen. Für Paare sind es 728€ Grundsicherung zuzüglich Wohn- und Nebenkosten. Da der Bedarf an finanziellen Mitteln, die eine Person mindestens zum Leben benötigt, an die Inflation gekoppelt ist, steigt die Grundsicherung automatisch, wenn die Preise für Lebensmittel, Energie oder Mieten steigen. Außerdem ist die Grundsicherung zusätzlich an die Lohnentwicklung in Deutschland gekoppelt. Eine jährliche Anpassung der Grundsicherung errechnet sich aus einem Mischindex, der aus 70% Inflationsrate und 30% Lohnentwicklung berechnet wird.

Was kann Max Musterarbeiter erwarten?

Ich gehe in den kommenden Jahren von einer Inflationsrate von ungefähr 1,5% durchschnittlich pro Jahr aus. Das Gehalt von Max wird sich im Gleichschritt mit der Inflation erhöhen. Wir erinnern uns, dass Max heute 35 Jahre alt ist und in 32 Jahren in Rente gehen wird. Die Grundsicherung wird dann bei ungefähr 1.245€ liegen. Die Kaufkraft wird aber immer noch den heute gültigen 774€ entsprechen. Warum? Weil die Preise für alle Güter und Dienstleistungen, durch die steigende Inflation, teuer werden. Der Einfachheit halber, rechnen wir daher mit den Werten der heutigen Kaufkraft weiter. Max gehört heute, mit seinem Gehalt von 36.000€, zur klassischen Mittelschicht. Sein Nettogehalt von 1.916€ pro Monat, liegt 1.142€ oberhalb der Grundsicherung von 774€ pro Monat. Da Max keine gesundheitlichen Probleme hat und auch nicht arbeitslos wird, führt er in finanzieller Hinsicht ein sehr gutes Leben. Mit dem Tag des Renteneintritts ändert sich das leider gravierend.

Tabelle 4: Gesetzliche Rente von Max Musterarbeiter

Vorsorgeprodukt	Gesetzliche Rente
Bruttogehalt heute in €	3000
Nettogehalt heute in €	1.916
Nettorente in € (heutige Kaufkraft)	**932**

Er erhält nur eine gesetzliche Rente in Höhe von 932€ heutiger Kaufkraft. Max liegt mit seinem monatlichen Einkommen, von dem einen auf den anderen Tag, also nur noch 158€ oberhalb der Grundsicherung. Ich gebe Dir zu bedenken, dass dieser Wert eher optimistisch berechnet ist. Max wird sich demnach ab Renteneintritt sehr einschränken müssen. Dabei hatte er viele Pläne. Leider verschlechtert sich seine finanzielle Lage jedes Jahr weiter, da seine Rente nur um ungefähr 1% pro Jahr angehoben wird, die Grundsicherung aber im gleichen Schritt um 1,5% pro Jahr zulegt. Seine gesetzliche Rente wird jedes Jahr weiter an Wert verlieren. Schließlich findet sich Max, der sein Leben lang gut verdient hat, in der Unterschicht wieder.

Ich habe folgende andere Szenarien berechnet. Vielleicht findest Du Dich in einem davon wieder.

Wenn Du heute ca. 25 Jahre alt bist, ca. 2.000€ brutto pro Monat verdienst und Dein Einkommen in den nächsten 42 Jahren, nicht um mehr als durchschnittlich 1,5% pro Jahr steigern kannst, dann wird Deine gesetzliche Altersrente unterhalb der Grundsicherung liegen. In dem Fall wird Deine Rente bis zur Höhe der Grundsicherung aufgefüllt. Du kommst im Alter also nicht ohne staatliche Unterstützung über die Runden.

Bist Du heute ca. 45 Jahre alt, verdienst ca. 4.000€ brutto pro Monat und kannst in den nächsten 22 Jahren keine Gehaltssteigerungen über 1,5% pro Jahr mehr realisieren, dann wird Deine gesetzliche Altersrente nur ungefähr 300€ über der Grundsicherung liegen.

Zukünftig ist es sogar eher so, dass die Grundsicherung immer mit der Inflation steigt und der Rentenwert eher stagniert oder sogar fallen wird. Das Verhältnis zwischen der gesetzlichen Rente und der Grundsicherung geht zukünftig tendenziell weiter zusammen als in diesem Beispiel.

Wie Du siehst, ist also jeder betroffen.

Als grundsätzliche Punkte aus diesem Kapitel können wir festhalten, dass

- alle pflichtversicherten Angestellten
- die heute weniger als 2.500€ pro Monat verdienen
- und das Gehalt zukünftig nicht um mehr als 1,5% pro Jahr steigern können
- eine Altersrente unterhalb der Grundsicherung erhalten werden

Nachdem wir jetzt über den schlechtesten Fall gesprochen haben und Du jetzt eine konkrete Vorstellung davon hast, wie gering Deine gesetzliche Rente im Alter tatsächlich ausfallen kann, klären wir im nächsten Schritt, was Deine persönlichen Ziele für Deinen Ruhestand sind.

2.3 Deine persönlichen Ziele

Wenn Deine gesetzliche Altersrente nicht viel mehr als die Grundsicherung oder sogar weniger betragen wird und Du damit zufrieden bist, dann kannst Du das Buch an dieser Stelle aus der Hand legen und brauchst nicht weiterzulesen.

Da Du aber dieses Buch gekauft hast, denke ich, dass Du Dir mehr von Deinem Ruhestand erhoffst, als weiterhin arbeiten zu gehen, um Dir Deinen gewohnten Lebensstandard auch nach Renteneintritt noch leisten zu können. Da ich Dir in den folgenden Abschnitten mehrere Altersvorsorgeprodukte mit unterschiedlichen Stärken und Schwächen vorstellen werde, solltest Du Dir jetzt Gedanken machen, welche Ziele Du persönlich für Deinen Ruhestand hast.

Welche Wünsche hast Du für Deinen Ruhestand?

Was möchtest Du gerne machen?

Wie hoch müsste Dein monatliches Einkommen sein, damit Du Deine Ziele und Wünsche realisieren kannst?

2.4 Deine Rentenlücke

Um für den weiteren Verlauf dieses Buches ein realistisches finanzielles Ziel zu setzen, nehmen wir im Folgenden an, dass Max für seinen Ruhestand nicht mehr als 80% seines heutigen Einkommens, als monatliche Rente benötigt. Schließlich kommt er heute sehr gut mit seinem Geld aus. Als Rentner wird er nicht mehr so viel benötigen wie heute, aber auch nicht viel weniger. Max hat ausgerechnet, dass er neben 80% seines heutigen Gehalts, zusätzlich noch ein Startkapital in Höhe von 50.000€ benötigen wird, um seinen Ruhestand so zu verbringen, wie er es gerne möchte. Schließlich hat er sich vorgenommen viel zu vereisen und es sich stets gut gehen zu lassen.

Wie sieht es bei Dir aus? Würdest Du sagen, dass sind vernünftige finanzielle Ziele? Ich denke 80% des Nettogehalts als lebenslange monatliche Rente und ein Kapital in Höhe von 50.000€ zum Rentenstart, ist ein vernünftiges, aber auch ambitioniertes Ziel. Es darf immer gerne mehr sein, aber wir nehmen diese Werte jetzt als Maßgabe für die weiteren Berechnungen in diesem Buch.

Die Rentenlücke, auch Vorsorgelücke genannt, ist die Differenz aus der gesetzlichen Altersrente und der Rente, die Du Dir für Deinen Ruhestand vorstellst.

Tabelle 5: Rentenlücke von Max Musterarbeiter

Berechnung	Rentenlücke
Nettogehalt heute in €	1.916
Bedarf im Alter in € (80%)	**1.533**
Nettorente in € (heutige Kaufkraft)	932
Vorsorgelücke in € (heutige Kaufkraft)	**601**
+zusätzliches Kapital in € (heutige Kaufkraft)	50.000

Max hat demnach eine Rentenlücke von 601€ pro Monat (80% von 1.916€ aktuellem Nettogehalt = 1.533€ Wunschrente – 932€ gesetzlicher Rente = 601€ Rentenlücke pro Monat). Zusätzlich will er mit 67 Jahren über ein Kapital in Höhe von 50.000€ verfügen können. Wir haben alle diese Vorsorgelücke. Es liegt an uns selber, wie hoch diese Lücke tatsächlich sein wird. Ich denke, mit dem gewählten Beispiel, kann sich jeder identifizieren. Eine ordentliche Rente und ein bisschen Kapital auf dem Konto. Ich nehme an, Du hast inzwischen Deine persönliche Rentenlücke ausgerechnet. Falls nicht, solltest Du das jetzt tun.

Wie kannst Du Deine Rentenlücke schließen?

Um die Lücke mit Hilfe einer privaten Altersvorsorge zu schließen, müssen wir bewusst handeln und schon heute die richtigen Vorkehrungen treffen. Die gute Nachricht: Es ist möglich Deine gesetzliche Rente durch eine private Altersvorsorge deutlich zu erhöhen. Die schlechte Nachricht: Du wirst dafür die nächsten 20, 30 oder 40 Jahre auf etwas verzichten müssen. Konkret und ganz einfach ausgedrückt bedeutet das:

Du musst heute Geld sparen, um im Alter mehr Geld zu haben.

Jetzt hast Du natürlich recht, wenn Du denkst, dass niemand so viel Geld sparen kann. Schließlich hast Du heute auch finanzielle Verpflichtungen und willst auch heute schon sehr gut leben. Daher müssen wir uns für die Altersvorsorge besondere Sparmethoden vornehmen. Solche, die unser Geld verdoppeln oder verdreifachen. Wie Du das machen kannst und wie viel Geld Du dafür jeden Monat aufbringen musst, zeige ich Dir in den nächsten Kapiteln über die private Altersvorsorge.

Bevor wir aber starten, bedarf es finanzieller Bildung, damit Du verstehen kannst, warum einige Produkte besser sind als andere. Kennst Du Dich bereits damit aus, bitte ich um Verständnis, dass wir dennoch einen kurzen Umweg über die verschiedenen Anlageoptionen machen.

2.5 Anlagemöglichkeiten

Das System der gesetzlichen Rentenversicherung sieht vor, dass die Beiträge der arbeitenden Generation an die Rentnergeneration als Altersrente ausgezahlt werden. Bei der privaten Altersvorsorge oder allgemein bei dem privaten Vermögensaufbau, ist das natürlich nicht der Fall. Deine Beiträge zu einer privaten Altersvorsorge werden nur für Dich angelegt und erst bei Rentenbeginn wieder an Dich ausgeschüttet. Es handelt sich, im Gegensatz zur umlagefinanzierten gesetzlichen Rente, um kapitalgedeckte Altersvorsorge. Grundsätzlich können wir private Altersvorsorgeprodukte bei Banken und Versicherungen abschließen. Je nachdem, wie clever die Finanzinstitute unser Geld anlegen, bekommen wir mit 67 Jahren mehr Geld als Zusatzrente heraus, als wir heute eingezahlt haben. Und genau das ist ab jetzt unser gemeinsames Ziel: Wir wollen mit dem geringsten finanziellen Aufwand heute, eine maximale Zusatzrente für unseren Ruhestand erreichen.

Die wichtigsten gewinnbringenden Anlageklassen sind:

- Tagesgeld
- Festgeld
- Aktien
- Aktienfonds
- Anleihen
- Rentenfonds

Ich werde im weiteren Verlauf alle Anlageklassen kurz erklären. Aber keine Angst, damit soll es das dann auch gewesen sein.

Tagesgeld

Ein Tagesgeldkonto kannst Du bei Deiner Bank, in den meisten Fällen kostenlos, eröffnen und auch jederzeit wieder kündigen. Es besteht keine Vertragslaufzeit und Du kannst jederzeit frei über Dein Geld verfügen. Das Tagesgeldkonto hat in den vergangenen Jahren das klassische Sparbuch abgelöst. Auf einem Tagesgeldkonto kannst Du einen Teil Deines gesparten Geldes, z. B. 5.000€, anlegen.

In den meisten Fällen gibt es keine Mindestanlagesumme, sodass Du auch die Möglichkeit hast, jeden Monat einen gewissen Betrag auf Dein Tagesgeldkonto zu überweisen, ohne am Anfang eine große Summe einzuzahlen. Das Tagesgeldkonto hat gegenüber dem Girokonto den Vorteil, dass Du Zinsen im Bereich von 0,1% bis 0,6% pro Jahr auf Dein Sparguthaben bekommst. Der Zins kann sich je nach Marktgegebenheiten ändern. Das Tagesgeldkonto ist für Dich somit eine Anlageform für Geld, dass Du kurzfristig nicht benötigst, aber trotzdem flexibel handhaben möchtest.

Festgeld

Ein Festgeldkonto kannst Du auch bei Deiner Bank eröffnen. In den meisten Fällen dürfte das auch kostenlos und ohne Kontoführungsgebühren möglich sein. Festgeld ist aber, wie der Name es schon vermuten lässt, nicht so flexibel, wie das Tagesgeld. Auf das Festgeldkonto kannst Du nur Einmalbeträge einzahlen, aber keinen monatlichen Sparplan einrichten. Immer, wenn Du einen Betrag auf das Festgeldkonto eingezahlt hast, wird eine Laufzeit und ein für die gesamte Laufzeit gültiger Zins mit Dir vereinbart. Dabei gilt, je höher Deine Einlage und der Zeitraum, desto höher ist der Zinssatz, den Du auf Deine Einlage bekommst. Der Zinssatz wird grundsätzlich etwas höher sein, als beim Tagesgeldkonto. Dafür verzichtest Du aber auf die kurzfristige Verfügbarkeit Deines Geldes. Daher solltest Du auf einem Festgeldkonto kein Geld anlegen, dass Du im Notfall sofort benötigst, sondern vielleicht erst in 5-10 Jahren.

Aktien

Eine Aktie ist ein Anteil eines Unternehmens. Unternehmen verkaufen Aktien (Anteile), um Geld für Investitionen zu erhalten. Wenn Du eine Aktie eines Unternehmens kaufst, dann wirst Du automatisch Teilhaber dieses Unternehmens. Wenn es der Unternehmung wirtschaftlich gut geht, dann profitierst Du doppelt. Auf der einen Seite bekommst Du eine Gewinnbeteiligung je Aktie, die sogenannte Dividendenzahlung. Auf der anderen Seite profitierst Du von einem steigenden Aktienkurs, weil die Aktie begehrt ist und daher öfter gekauft wird. Wenn es dem Unternehmen wirtschaftlich schlecht geht und sogar die

Insolvenz droht, sind keine Gewinne zu erwarten. In dem Fall erhältst Du auch keine Auszahlung. Außerdem sinkt der Aktienkurs, weil das Unternehmen unattraktiv für neue Investoren geworden ist. Grundsätzlich gilt: Wenn Du Aktien einer Unternehmung kaufst, kannst Du satte Gewinne einfahren, leider aber auch einen Totalverlust erleiden. Je nach Deinen persönlichen Fähigkeiten, wirst Du besser oder schlechter abschneiden, wenn Du in einzelne Unternehmen investierst.

Aktienfonds

Aktienfonds versuchen dieses Einzelwertrisiko zu mindern. Aktienfonds sind Sammelbecken für Gelder von Sparern, die von Investmentbanken angeboten werden. Eine Investmentbank sammelt alle Einzahlungen in einem Topf, um das finanzielle Volumen und damit die Aktionsmöglichkeiten zu erhöhen. Ein Fondsmanager kauft von dem Geld verschiedene Aktien. Du bist damit Anteilseigner eines Aktienfonds, der in verschiedene Aktien investiert. Ein Fondsmanager ist ein Profi, der für Dich und alle anderen Anteilseigner, die besten Aktien heraussucht. In diesem Zusammenhang spricht man von aktiv gemanagten Aktienfonds. Allerdings sind dafür sind die Kosten eines Aktienfonds entsprechend höher als würdest Du Aktien selber auswählen.

Anleihen

Unternehmen verkaufen Anleihen, um Geld für

Investitionen zu erhalten. Das Ausgeben von Anleihen ist eine Finanzierungsmöglichkeit, die auch von Staaten genutzt wird. Eine Anleihe ist, im Gegensatz zu einer Aktie, keine Beteiligung an einem Unternehmen. Bei einer Anleihe leihst Du einer Unternehmung oder dem Staat Geld für einen bestimmten Zeitraum. Im Gegenzug erhältst Du dafür einen festen Zins pro Jahr. Am Ende der Laufzeit erhältst Du Deine Investition, zuzüglich der Zinsen, zurück. Die wichtigsten Anleihen sind Unternehmens- und Staatsanleihen. Anleihen sind auch unter den Namen Bonds oder Renten (hat nichts mit „der Rente" zu tun) bekannt und variieren in der Zusammensetzung aus Laufzeit und Zinsen.

Rentenfonds

Ähnlich, wie bei den Aktienfonds, gibt es auch Investmentfonds, die statt in Aktien, in verschiedene Anleihen investieren. Weil die regelmäßigen Zinszahlungen garantiert sind, werden diese Fonds Rentenfonds genannt. Mit unserer Altersrente hat das ganze erst einmal nichts zu tun. Rentenfonds gelten als sicher, da ausschließlich in die Anleihen von Staaten und Unternehmen mit erstklassiger Bonität investiert wird. Das Risiko ist daher geringer als bei einem Einzelinvestment in Aktien.

Was hat das jetzt mit Altersvorsorgeprodukten zu tun?

Die Finanzinstitute benutzen genau diese Anlageklassen. Diese Anlageprodukte haben bei niedrigem Risiko, die

Aussicht auf eine niedrige Rendite und bei einem hohen Risiko, die Chance auf eine höhere Rendite. Die Strategie hinter den verschiedenen Produkten der Altersvorsorge ist grundsätzlich immer gleich. Die Sparleistungen der Kunden müssen nach Abzug der Kosten der Versicherungen und Banken, immer noch einen höheren Wert aufweisen, als wenn die Sparer ihr Geld jahrelang auf Giro-, Tages- oder Festgeldkonten gesammelt hätten. Außerdem muss das Geld so angelegt werden, dass die Kunden auch die Inflation nicht fürchten müssen. Daher müssen die Versicherungen und Banken für Altersvorsorgen, die Anlageklassen auswählen, die so viel Rendite bringen, dass die Kunden im Alter mehr Geld zurückbekommen, als sie heute eingezahlt haben. Und das obwohl sie selber auch noch einen Teil des Kuchens haben wollen und die Inflation ebenfalls ihr Stück einfordert.

2.6 Zinsen und Zinseszins

Da wir nun die unterschiedlichen Anlagemöglichkeiten kennengelernt haben, möchte ich mit Dir noch einen ganz groben Exkurs zum Thema „Zinsen und Zinseszins" machen. In der Schule haben wir alle schon Zinsrechnung beigebracht bekommen. Allerdings tun wir uns generell schwer damit, den Effekt von Zinsen zu begreifen.

Was sind überhaupt Zinsen?

Wenn wir Kapital haben, dass wir kurzfristig nicht benötigen, dann können wir unser Kapital einer anderen Person zur Verfügung stellen, die es heute benötigt. Als Belohnung für unseren heutigen Verzicht, erhalten wir einen Bonus von der anderen Person. Zinsen sind also einfach ausgedrückt, der Preis den eine andere Person an uns zahlen muss, wenn wir ihr Geld leihen. Oder im umgekehrten Fall, den wir dafür bezahlen müssen, wenn wir uns Geld leihen. In unserem Kontext sind Zinsen der Bonus, den wir dafür bekommen, dass wir heute auf unser Geld verzichten und es jemand fremden zur Verfügung stellen.

Was sind Zinseszinsen?

Die Definition ist recht einfach: Der Zinseszins ist der Zins, den wir auf bereits erhaltene Zinsen bekommen. Ich habe ein einfaches Beispiel für einen Zins und einen Zinseszins.

Wenn wir 1.000€ zu 3% Zinsen auf unserem Festgeldkonto anlegen, dann haben wir nach einem Jahr einen Betrag von 1.030€ auf unserem Konto. Die Bank schreibt uns 3% Zinsen, also 30€ gut. Das ist unsere Belohnung dafür, dass wir der Bank unser Geld für ein Jahr zur Verfügung gestellt haben. Wenn wir die 1.030€ jetzt noch ein Jahr auf dem Festgeldkonto liegen lassen, dann haben wir nach zwei Jahren nicht 1.060€, sondern 1.060,90€. Die 90 Cent sind der Zinseszins der 30€ Zinsen des ersten Jahres.

In diesem Zusammenhang spricht man von exponentiellem Wachstum. Das Kapital vermehrt sich nicht linear mit der Höhe unserer Sparleistungen, sondern wir erhalten zusätzlich noch einen Bonus (Zins) und einen Bonus auf den Bonus (Zinseszins). Unser Geld erschafft also neues Geld, ohne das eine weitere Einzahlung von uns nötig ist. Das ist nach zwei Jahren bei einem Zins von 3% pro Jahr noch nicht besonders spektakulär. Nach 20, 30 oder 40 Jahren allerdings, entfaltet der Zinseszins eine unglaubliche Kraft, die wir uns nicht richtig vorstellen können. Dabei gilt je höher der Zins ist, desto schneller vervielfacht der Zinseszins unser Kapital.

Lassen wir unsere 1.000€ für 40 Jahre auf dem Festgeldkonto liegen, dann erreichen wir, bei einem Zins von 3% pro Jahr, ein Endkapital von 3.262€. Wir zahlen kein weiteres Geld ein und haben nach 40 Jahren trotzdem mehr als das Dreifache unserer ursprünglichen Einzahlung auf unserem Konto.

In der Finanzmathematik gibt es die sogenannte 72er Regel. Diese Regel besagt, dass 72 geteilt durch den Zins, die Anzahl der Jahre ergibt, bis sich das Kapital verdoppelt.

Daraus resultiert Folgendes:

Wer sein Geld für 3% pro Jahr anlegt, der verdoppelt sein Kapital alle 24 Jahre. (72/3=24)

Wer es schafft, sein Geld zu 6% jährlich anzulegen, der verdoppelt sein Kapital schon alle 12 Jahre. (72/6=12)

Wem es darüber hinaus gelingt, sein Geld zu 8% jährlich anzulegen, der verdoppelt sein Kapital alle 9 Jahre. (72/8=9)

Was bedeutet der Zinseszins für die Altersvorsorge?

Eine private Altersvorsorge bauen wir nicht auf, indem wir einen festen Betrag, z. B. 50.000€, über 20, 30 oder 40 Jahre lang anlegen. Das wäre zwar sehr sinnvoll, aber diese Möglichkeit haben die wenigsten von uns. Als beste und in den allermeisten Fällen einzige Alternative, bieten sich monatliche Sparraten an. Doch wie funktioniert der Zinseszins bei monatlichen Sparraten?

Zinseszins bei einem monatlichen Sparplan

Wir zahlen jeden Monat 100€ in einen Sparvertrag ein und erhalten durchschnittlich 3% Zinsen pro Jahr. Das Ganze machen wir für dieses Beispiel 10, 20, 30 und 40 Jahre lang.

Tabelle 6: Sparplan mit 3% Zinsen

Laufzeit in Jahren	10	20	30	40
Eingezahlt in €	12.000	24.000	36.000	48.000
Zinsen 3% in €	1.755	8.245	21.090	42.480
Endkapital in €	13.755	32.245	57.090	90.480

Wir können erkennen, dass der Zinseszins nach 10 Jahren noch nicht richtig greift. Im Zeitverlauf wird dieser Effekt aber immer stärker und nach 40 Jahren können wir unser eingezahltes Kapital fast verdoppeln. Wie sieht die Tabelle aus, wenn wir es schaffen, unsere 100€ monatlich in einen Sparvertrag einzuzahlen, der 6% Zinsen pro Jahr abwirft?

Tabelle 7: Sparplan mit 6% Zinsen

Laufzeit in Jahren	10	20	30	40
Eingezahlt in €	12.000	24.000	36.000	48.000
Zinsen 6 % in €	3.817	20.142	58.870	137.71
Endkapital in €	15.817	44.142	94.870	185.71

Auch bei einem Zins von 6% pro Jahr, geht es zuerst langsam los, aber mit der Zeit wächst der Zinseszins in eine unglaubliche Höhe. Nach 40 Jahren hat sich unser eingezahltes Kapital fast vervierfacht. Wie sieht die Tabelle aus, wenn wir es schaffen, unsere 100€ monatlich in einen Sparvertrag einzuzahlen, der 8% Zinsen abwirft?

Tabelle 8: Sparplan mit 8% Zinsen

Laufzeit in Jahren	10	20	30	40
Eingezahlt in €	12.000	24.000	36.000	48.000
Zinsen 8% in €	5.384	30.915	99.940	262.86
Endkapital in €	17.384	54.915	135.94	310.86

Auch bei einem Zins von 8% pro Jahr, geht es zuerst langsam los, aber mit der Zeit wächst der Zinseszins in eine schwindelerregende Höhe. Nach 40 Jahren hat sich unser eingezahltes Kapital mehr als versechsfacht. Das Ganze habe ich auch zur besseren Visualisierung grafisch dargestellt.

Grafik 2: Zinseszins

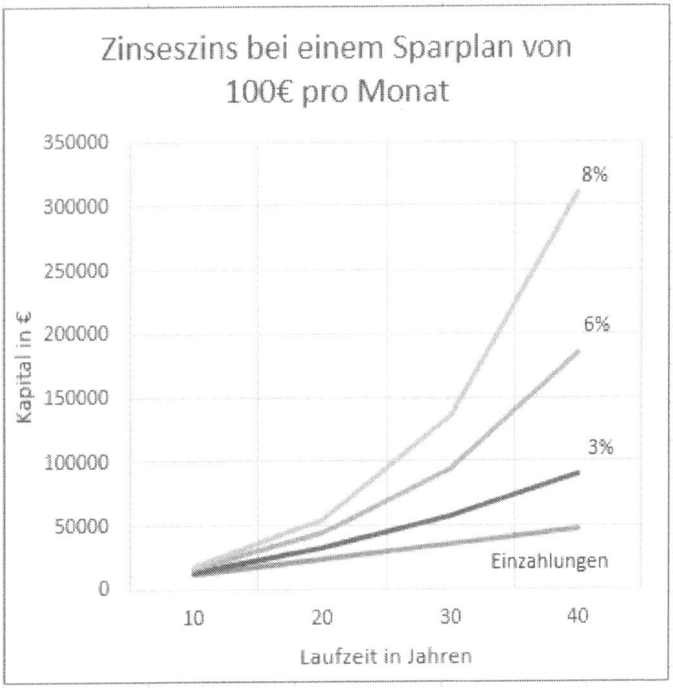

Die untere Kurve stellt unsere Einzahlungen von monatlich 100€ dar, dementsprechend verläuft die Kurve linear steigend. Nach 40 Jahren haben wir 48.000€ eingezahlt. Die nächste Kurve stellt die Kapitalentwicklung bei einem Zins von 3% pro Jahr dar. Wir können an dem Kurvenverlauf erkennen, dass unser Kapital nicht linear wächst, sondern sich exponentiell vergrößert. Die folgende Kurve stellt die Kapitalentwicklung bei einem Zins von 6% dar. Wir erkennen, dass der Zinseszins unser Kapital nach oben schnellen lässt.

Die oberste Kurve stellt die Kapitalentwicklung bei einem Zins von 8% dar. Der Zinseszins lässt unser Kapital, wie bereits erwähnt, in eine schwindelerregende Höhe ansteigen.

Und genau diesen Effekt, müssen wir uns für unsere private Altersvorsorge zunutze machen. Wir müssen einen bestimmten Betrag pro Monat für unsere Vorsorge investieren. Dieses Geld dürfen wir aber nicht blind in das nächstbeste Altersvorsorgeprodukt stecken. Wenn wir unsere Sparleistungen verdoppeln, verdreifachen oder sogar versechsfachen wollen, ist es von entscheidender Bedeutung für unser Endkapital, welche jährliche Rendite wir erreichen. Beziehungsweise, welche Rendite unsere Bank oder Versicherung für uns erreicht. In den folgenden Kapiteln werden wir die gängigen Altersvorsorgeprodukte kennenlernen und diese auf genau dieses Kriterium hin überprüfen. Ziel ist es, am Ende eine genaue Vorstellung davon zu haben, für welche Produkte wir uns entscheiden sollten.

2.7 Fazit

Wir haben in diesem Teil zunächst über die Grundsicherung gesprochen. Wir haben festgestellt, dass jeder deutsche Rentner einen Anspruch auf die Sozialhilfe im Alter hat. Es spielt keine Rolle, ob Du 45 Jahre lang in die gesetzliche Rentenversicherung eingezahlt hast oder nicht. Jeder bekommt am Ende mindestens die Grundsicherung von aktuell 774€.

Das betrifft mit großer Wahrscheinlichkeit alle Personen, die zum heutigen Zeitpunkt nicht mehr als 2.500€ brutto im Monat verdienen und in der Zeit bis zu ihrem Renteneintritt keine nennenswerten Gehaltssprünge machen können. In dem Fall wird die gesetzliche Rente unterhalb des Niveaus der Grundsicherung liegen, ungefähr bei 40% Deines heutigen Nettoeinkommens.

In dem weiteren Verlauf haben wir überlegt, welche Deine Ziele für den Ruhestand sind. Du bist hoffentlich zu dem Ergebnis gekommen, dass Du Deinen Lebensabend nicht von der Grundsicherung bestreiten möchtest, bzw. das Deine Wünsche und Vorstellungen gar nicht mit der Grundsicherung zu realisieren sind.

Wir haben festgestellt, dass es daher keine Alternative zu einer privaten Altersvorsorge gibt.

Damit wir unsere private Altersvorsorge besonders effektiv aufstellen können, bedarf es einer grundlegenden finanziellen Bildung. Wir haben über die wichtigsten Möglichkeiten der Kapitalanlage gesprochen. Du hast gesehen, dass Dein Geld bei einem Anlagezins von unter 1,5% jedes Jahr weniger wert sein wird. Diese Anlageklassen gilt es daher, mit Bezug auf eine langfristige Altersvorsorge zu vermeiden. Unter die sehr niedrig verzinsten Anlageklassen, zählen wir alle Anlagen in Geldwerte, sprich das Girokonto, das Tagesgeldkonto, das Festgeldkonto und Anleihen. Zu den Anlageklassen, die einen Zins oberhalb der Inflationsrate haben, zählen wir alle Sachanlagen, sprich Aktien oder Aktienfonds.

Du hast erkannt, dass Dein Kapital nur in einer dieser Anlageklassen wächst. Das höhere Risiko einer Sachanlage im Vergleich zu einer Geldanlage, können wir mit Fonds etwas ausgleichen. Anhand der Beispiele zu dem großartigen Effekt des Zinseszinses, ist deutlich geworden, dass Du Dein Geld nur bei einer hohen Rendite vervielfachen kannst.

Ausgerüstet mit diesem Wissen, bist Du nun bereit für den dritten Teil meines Buches. Wir schauen uns nun genau an, wie die einzelnen Vorsorgeprodukte funktionieren und wie die Versicherungen und Banken unsere monatlichen Sparleistungen anlegen.

3. Private Altersvorsorge: Staatlich geförderte Zusatzrenten

3.1 Einführung Förderrenten

Die Bundesregierung unter Gerhard Schröder, hat im Zuge der Rentenreform im Jahr 2001, das Rentenniveau in Deutschland dramatisch abgesenkt. Zum Ausgleich wurde die Notwendigkeit einer zukünftigen privaten Altersvorsorge kommuniziert. In Zusammenarbeit mit der Finanzbranche, wurden die sogenannten Förderrenten eingeführt.

Staatlich geförderte Rentenversicherungen gibt es heute als Riester-, Rürup- und Betriebsrente. Das Ziel der Förderrenten ist es, privates Sparen für das Alter staatlich zu fördern und es so attraktiv für die deutsche Bevölkerung zu machen. Ein Hinweis zu dem Begriff. Staatlich geförderte Rentenversicherungen, die Deine gesetzliche Rente ergänzen sollen, werden als Förderrenten bezeichnet. Um es klar zu formulieren. Es gibt normale private Rentenversicherungen und staatlich geförderte private Rentenversicherungen.

Auf den folgenden Seiten stelle ich Dir kurz dar, wie die einzelnen Förderrenten (staatlich geförderte private Rentenversicherungen) funktionieren und welche Vor- und Nachteile bzw. Chancen und Risiken diese Renten haben.

Was haben alle Förderrenten gemeinsam?

Alle Förderrenten sind private Rentenversicherungen, die Du bei einer Bank oder einer Versicherung abschließen kannst. Grundsätzlich werden Förderrenten bei Versicherungen abgeschlossen. Eine Bank würde nur als Vermittler fungieren. Es sind aber keine normalen Rentenversicherungen. Die Bundesregierung bezuschusst nämlich Deine Sparleistungen mit Zulagen und Steuervergünstigungen. Das bedeutet, dass Du Deine monatliche Sparleistung nicht zu 100% selber tragen musst. Du wirst bei Deiner privaten Altersvorsorge vom Staat unterstützt.

Dazu gehört auch immer ein sogenannter Kapitalschutz (Kapitalgarantie). Du bekommst im Rentenalter mindestens Deine Einzahlungen, zuzüglich der staatlichen Zulagen als Garantierente ausgezahlt. Durch die Kapitalgarantie zwingt die Bundesregierung die Finanzinstitute, Deine Gelder sicher anzulegen. Am Ende der Laufzeit, z. B. Dein 67. Geburtstag, kannst Du über ein Kapital verfügen, das mindestens Deinen Einzahlungen entspricht. Du bekommst das Kapital aus den Förderrenten in den meisten Fällen aber nicht komplett ausgezahlt. Die Versicherungen zahlen Dir aus Deinem Kapital eine lebenslange monatliche Zusatzrente.

Wie wird die Rente aus dem Kapital berechnet?

Um Deine monatliche Rente aus Deinem angesparten

Kapital zu errechnen, benutzen die Versicherungen sogenannte Sterbetafeln. Sterbetafeln sind einfach ausgedrückt, Statistiken über die durchschnittliche Lebenserwartung von Menschen. Die aktuelle Lebenserwartung in Deutschland beträgt im Jahr 2015, 83 Jahre für Frauen und 78 Jahre für Männer. Jede Frau, die heute mit 67 Jahren in Rente geht, lebt also statistisch noch 16 Jahre und jeder Mann 11 Jahre. Hinweis: Für die genaue Berechnung der Renten, werden neben den Sterbetafeln noch andere Faktoren einbezogen, die uns an dieser Stelle aber nicht weiter interessieren. Versicherungen kalkulieren aber nicht mit den aktuellen Daten, da die Lebenserwartung deutscher Frauen und Männer jedes Jahr steigt. Wir hatten darüber schon gesprochen. Je nach Geburtsjahr und Beruf, wird die Lebenserwartung aktuell auf bis zu 90 Jahre geschätzt. Außerdem werden für die Berechnung der Renten sogenannte Unisex Sterbetafeln benutzt. Es wird unterstellt, dass Männer und Frauen durchschnittlich gleich lange leben.

Kommen wir jetzt zur reinen Berechnung. Weist Dein Guthaben an Deinem 67. Geburtstag, ein Endkapital von z. B. 50.000€ auf, dann wird daraus Deine Rente berechnet. Für den Fall, dass Deine Lebenserwartung 90 Jahre beträgt, muss das Geld für 23 Jahre ausreichen.

50.000€ / 23 Jahre / 12 Monate = 181€ Rente pro Monat

Stark vereinfacht ausgedrückt: Überlebst Du Deine statistische Lebenserwartung, wirst Du also älter als 90

Jahre, dann zahlt die Versicherung drauf, weil Dein Kapital zwar aufgebraucht ist, die monatlichen Rentenzahlungen aber trotzdem weiter fließen. Erreichst Du Deine statistische Lebenserwartung nicht, dann hat die Bank oder Versicherung einen Teil Deines Kapitals übrig. Wenn vertraglich kein Hinterbliebenenschutz vereinbart wurde, dann geht das Geld in den Besitz der Versicherung über. Wenn Du einen Hinterbliebenenschutz vereinbart hast, dann wird die Rente an Deine Angehörigen weitergezahlt.

Das ist jetzt ziemlich einfach ausgedrückt, aber ich denke Dir ist klargeworden, wie das ganze Spiel ungefähr funktioniert. Und darum geht es mir in diesem Buch. Du erreichst mit 67 Jahren ein Endkapital und das Kapital wird dann durch Deine statistische Restlebenserwartung geteilt. Das Ergebnis ist Deine lebenslange monatliche Bruttozusatzrente.

Welche Anlageklassen werden von Versicherungen für Förderrenten benutzt?

Da das oberste Ziel der Versicherungen der Kapitalschutz (Kapitalgarantie) ist, wird der Großteil Deiner Beiträge in sichere Anlageklassen investiert. Dabei darfst Du in der Regel entscheiden, ob Du Dein Geld lieber sicher oder chancenorientiert angelegt haben möchtest. Daher hast Du bei einer staatlich geförderten Rentenversicherung, immer die Wahl zwischen verschiedenen Risikoklassen.

Entscheidest Du Dich für eine klassische staatlich

geförderte Rentenversicherung (egal ob im Mantel Riester, Rürup oder betriebliche Altersvorsorge), dann werden Deine Beiträge komplett in sichere Unternehmens- und Staatsanleihen, mit einer ausgezeichneten Bonität, angelegt. Darüber hinaus erhältst Du, neben Deiner Kapitalgarantie, noch eine feste garantierte Verzinsung auf Deine Einzahlungen. Die liegt in der Regel bei schmalen 0,9% pro Jahr. Ausnahmen bestätigen die Regel.

Entscheidest Du Dich für eine risikoreichere Variante, dann wählst Du eine fondsgebundene Rentenversicherung aus. Das bedeutet, dass nicht Dein kompletter Sparbetrag in sichere Anleihen angelegt wird. Ein kleiner Teil Deiner Beiträge wird dann in Aktienfonds investiert. Dadurch hast Du die Chance, eine bessere Rendite und damit eine höhere lebenslange Rente zu erreichen. Du verzichtest in diesem Fall aber auf den festen Zins von 0,9% pro Jahr.

Wie hoch sind die Kosten bei einer staatlich geförderten Rentenversicherung (Förderrente)?

Wie viel Geld Dich eine Förderrente ganz genau kostet, ist immer schwer zu sagen. Das liegt natürlich hauptsächlich daran, dass die meisten Anbieter gar kein Interesse daran haben, Dir die exakten Kosten mitzuteilen. In jedem Fall bedeutet das, dass Deine Beiträge leider nicht vollständig für Dich angelegt werden. Die Versicherungen streichen einen Teil Deiner Beiträge ein. Schließlich müssen diese nicht nur ihre Kosten decken, sondern möchten auch noch etwas daran verdienen.

Welche Kosten entstehen bei einer Förderrente?

Um diese Frage beantworten zu können, müssen wir zunächst noch die Kostenarten den entsprechenden Kostenstellen zuordnen. Kostenstellen bezeichnen die Stellen, die Kosten für Dienstleistungen oder sonstige Aufwendungen verursachen. In unserem Fall sind das klassische und fondsgebundene Rentenversicherungen. Denn beide Alternativen verursachen unterschiedliche Kosten. Bei klassischen Produkten liegen die Kosten deutlich unter den Kosten einer fondsgebundenen Rentenversicherung. Das liegt daran, dass bei klassischen Versicherungen keine Aktien gekauft werden. Folglich fallen keinen Transaktionskosten für das Kaufen und Verkaufen von Aktien oder Aktienfonds an. Daher wird auch kein Fondsmanager benötigt, der bezahlt werden muss. Auch eine Performancegebühr, für den Fall, dass der Fondsmanager seinen Job besonders gut macht, entfällt bei klassischen Rentenversicherungen.

Wie bereits angedeutet, ist es nicht immer ganz einfach zu erkennen, welche Kosten bei welchem Produkt anfallen. Außerdem ist es oft nicht einfach zu erkennen, wann die Kosten anfallen.

Bei fast allen gängigen Rentenversicherungen, fallen

zusätzlich noch einmalige Kosten bei Vertragsabschuss an. Das sind z. B. die Vertriebskosten, die der Versicherung entstehen oder der Ausgabeaufschlag bei einem Fonds. Diese Kosten werden direkt oder über einen Zeitraum von bis zu fünf Jahren, scheibchenweise von Deinen Beiträgen einbehalten. Ohne jetzt zu tief in die Thematik einzusteigen, hat das natürlich zur Folge, dass die Kostenbelastung gerade am Anfang hoch ist. Damit sichern sich die Versicherer dagegen ab, dass Du Deinen Vertrag nach z. B. 3 Jahren nicht mehr bedienst und die Versicherungen die Kosten nicht decken können. Für Dich Sparer hat das den Nachteil, dass Du in den ersten Jahren sehr geringe Rückkaufswerte für Rentenversicherungen hast. Ein Rückkaufswert ist immer das Kapital, das Du im Falle einer Kündigung zurückbekommst. Kündigst Du Deinen Vertrag nach z. B. 3 Jahren, bekommst Du Dein bereits eingezahltes Kapital, abzüglich angefallener Kosten zurück. Dieses Verfahren, einer hohen Kostenbelastung am Anfang, wird im Fachjargon Zillmerung genannt. Das Verfahren hat der Versicherungsmathematiker August Zillmer erfunden.

Wie hoch sind die Kosten für Rentenversicherungen ungefähr und wie kannst Du diese Kosten erkennen?

Eine Kennzahl, die Dir einen groben Anhaltspunkt gibt, wie hoch die Kosten durchschnittlich pro Jahr sind, ist das Total Expense Ratio (TER). Die Gesamtkostenquote einer Versicherung pro Jahr. Leider werden in den TER auch nicht immer alle Kosten ausgewiesen. Dennoch, sind die TER ein Anhaltspunkt dafür, ob ein Produkt eher teuer oder eher günstig ist. Die durchschnittlichen Kosten einer klassischen Rentenversicherung (ohne Aktienfonds), liegen ungefähr bei 0,8% pro Jahr. Die Kosten einer fondsgebundenen Rentenversicherung, liegen hingegen bei ungefähr 2-3% pro Jahr. Ausnahmen bestätigen, wie immer die Regel. Aber das sind realistische Durchschnittswerte. Grundsätzlich gibt es gute fondsgebundene Rentenversicherungen, die den klaren Kostennachteil, durch eine deutlich höhere Rendite mehr als egalisieren. Leider sind diese in der Minderheit und sehr schwer zu finden. Das liegt daran, dass fondsgebundene Produkte oft nicht das ganze Kapital in Aktienfonds anlegen, sondern nur einen kleinen Teil. Es gibt sogar fondsgebundene Versicherungen, die weniger als 10% Deines Kapitals in Aktien anlegen. Die Vorteile eines Aktieninvestments kommen dann nicht zum Tragen. Das Gegenteil ist der Fall. Im Ergebnis bezahlst du höhere Kosten, erhältst aber keine höhere Rendite. Da ich persönlich zudem ein Freund von geringen Kosten bin, suchen wir im Folgenden ein Produkt, dass bei möglichst geringen Kosten, möglichst hohe Zinsen für uns abwirft.

Wie hoch ist die Rendite bei klassischen Rentenversicherungen?

Bei klassischen Rentenversicherungen bekommst Du immer einen garantierten Zins. Die Versicherung garantiert Dir eine Bruttoverzinsung von 0,9% pro Jahr. Allerdings nur auf den Sparanteil Deiner Beiträge. Nach

Kosten, bleiben von den 0,9%, effektiv nur noch 0,1% pro Jahr übrig. Da die Versicherung mit Deinen Beiträgen in der Regel aber mehr als 0,1% durchschnittlich pro Jahr erwirtschaften kann, erhältst Du in jedem Jahr zusätzlich noch eine Überschussbeteiligung. Die Ratingagentur Assekurata mit Sitz in Köln, gibt jedes Jahr die aktuellen Beitragsrenditen für Rentenversicherungen heraus. Dabei wird ein Durchschnitt der größten Versicherer Deutschlands gebildet. Für das Jahr 2017 wurde eine durchschnittliche Beitragsrendite von ungefähr 2,5% pro Jahr festgestellt. Das bedeutet, Du bekommst mindestens 0,1% Zinsen pro Jahr, durchschnittlich aber höchstens 2,5% pro Jahr. Die anfallenden Kosten sind hier bereits abgezogen. Es handelt sich um Nettorenditen. Selbstverständlich wird es Versicherungen geben, die mehr erreichen, aber es wird auch Versicherungen geben, die weniger erreichen.

Musst Du Deine Zusatzrente im Alter versteuern?

Leider ja. Alle staatlich geförderten Renten werden im Alter nachgelagert besteuert. Die betriebliche Altersvorsorge ist darüber hinaus sogar noch sozialversicherungspflichtig. Dazu kommen wir noch.

Beginnen möchte ich mit der betrieblichen Altersvorsorge.

3.2 Die betriebliche Altersvorsorge

Die betriebliche Altersvorsorge, auch Betriebsrente genannt, ist in Deutschland seit 2002 zugelassen und soll die Regelabsicherung durch die niedrige gesetzliche Rentenversicherung ergänzen. Die betriebliche Altersvorsorge bekommst Du aber nicht automatisch, so wie die gesetzliche Rente. Die betriebliche Altersvorsorge ist eine Holschuld Deinerseits, d. h. Du musst aktiv werden und bei Deinem Arbeitgeber nachfragen. Aber der Reihe nach. Beginnen wir mit den Grundlagen.

Wer darf die betriebliche Altersvorsorge nutzen?

Jeder Arbeitnehmer, der in der gesetzlichen Rentenversicherung versichert ist, kann seit dem Jahr 2002 einen Teil seines Bruttogehalts für die betriebliche Altersvorsorge verwenden.

Wie funktioniert die betriebliche Altersvorsorge?

Die sogenannte Entgeltumwandlung ermöglicht das Sparen vom Bruttolohn, wodurch Du als Arbeitnehmer Sozialversicherungsbeiträge und Steuern sparst. Denn durch einen geringeren Bruttolohn, sinken auch Deine monatlichen Beiträge zu den Sozialversicherungen. Deine Steuerlast wird ebenfalls reduziert. Eine betriebliche Altersvorsorge ist aber nicht zwingend an Deinen Eigenbeitrag als Angestellter gekoppelt. Es besteht auch die Möglichkeit, dass Deine betriebliche

Altersvorsorge komplett von Deinem Arbeitgeber übernommen wird. In dem Fall stünde es Dir frei, selber auch noch einen Teil aus Deinem Bruttogehalt zu sparen. Am gängigsten dürfte allerdings die Mischform aus Arbeitnehmer- und Arbeitgeberanteil sein. Dann setzt sich Deine monatliche Sparrate, aus Deinem Anteil vom Bruttolohn und dem Zuschuss Deines Arbeitgebers zusammen.

An diesem Punkt haben wir die Besonderheit. Du hast die Chance auf zweierlei Förderung. Die betriebliche Altersvorsorge wird grundsätzlich durch den Staat gefördert, indem Du Deine eigenen Beiträge, aus Deinem Bruttolohn sparen darfst. Die Regierung verzichtet einerseits auf Steuereinnahmen und ermäßigt zusätzlich Deine Beiträge zu den Sozialversicherungen. Außerdem kann Dein Arbeitgeber auch einen Teil für Dich beitragen.

Gibt es Grenzen?

Ja, die gibt es. Bei einer betrieblichen Altersvorsorge erhältst Du die Befreiung von Steuer- und Sozialabgaben, nur bis zu einer Höchstgrenze. Die Grenze liegt aktuell bei 4% der Beitragsbemessungsgrenze zu den Sozialversicherungen.

Das sind ungefähr 242€ monatlich oder 2.904€ pro Jahr, die Du in Deine betriebliche Altersvorsorge einzahlen darfst. Außerdem gibt es noch die Möglichkeit weitere 1.800€ pro Jahr steuerfrei zu sparen. Wenn Du z. B. 300€

pro Monat in Deine betriebliche Altersvorsoge einzahlst, dann erhältst Du eine Steuer- und Sozialversicherungsermäßigung nur für 242€. Für die restlichen 58€ erhältst Du „nur“ eine Steuerermäßigung. Jeder Arbeitgeber hat per Gesetz die Pflicht dafür zu sorgen, dass Mitarbeiter eine betriebliche Altersvorsorge in Anspruch nehmen können. Zulagen durch den Arbeitgeber sind allerdings nicht verpflichtend. Diese stellen einen freiwilligen Bonus Deines Arbeitgebers dar.

Welche Möglichkeiten einer betrieblichen Altersvorsorge gibt es?

Es gibt grundsätzlich fünf verschiedene Möglichkeiten, wie Dein Arbeitgeber, die betrieblichen Altersvorsorge für Dich und Deine Kollegen organisieren kann.

- Pensionskasse
- Pensionsfonds
- Unterstützungskasse
- Direktzusage
- Direktversicherung

Ich werde kurz alle fünf Varianten mit Dir durchgehen, wobei das Hauptaugenmerk in diesem Buch auf der Direktversicherung liegt, weil es die einfachste und gängigste Variante der betrieblichen Altersvorsorge ist. Alle anderen Varianten werde ich nur kurz anreißen.

Pensionskasse

Pensionskassen sind rechtlich selbstständige Versorgungseinrichtungen, die Altersvorsorgeleistungen erbringen und der staatlichen Finanzaufsicht unterliegen. Dein Arbeitgeber schließt dort als Versicherungsnehmer eine Rentenversicherung für Dich ab. Mit Renteneintritt hast Du dann einen Rechtsanspruch auf die in der Versicherung vereinbarten Leistungen.

Pensionsfonds

Ein Pensionsfonds ist ebenfalls eine rechtlich selbstständige Versorgungseinrichtung. Auch hier schließt Dein Arbeitgeber eine Rentenversicherung für Dich ab. Im Gegensatz zu einer Pensionskasse, unterliegt ein Pensionsfonds aber geringeren Beschränkungen bei der Anlagepolitik. So investiert ein Pensionsfonds Deine Beiträge in einem gewissen Maße in Aktien. Dadurch hast Du höhere Renditechancen, als bei einer Pensionskasse. Da es am Aktienmarkt aber immer zu Schwankungen kommen kann, ist diese Art der betrieblichen Altersvorsorge mit einem etwas größeren Risiko verbunden.

Unterstützungskasse

Eine Unterstützungskasse ist auch eine rechtlich selbstständige Versorgungseinrichtung und wird von einem oder mehreren Unternehmen getragen. Der Unterschied zu den Pensionskassen und -fonds ist, dass eine Unterstützungskasse nicht der Versicherungsaufsicht unterliegt und daher komplett freie Gestaltungsmöglichkeiten bei der Anlage Deiner Beiträge hat.

Direktzusage

Bei dieser Form der betrieblichen Altersvorsorge zahlst Du Deine Beiträge nicht an ein drittes Unternehmen, sondern direkt an Deinen Arbeitgeber. Dieser bildet Pensionsrückstellungen und zahlt Dir das gesparte Vermögen, im Alter als Betriebsrente aus. Eine Direktzusage Deines Arbeitgebers unterliegt nicht der Versicherungsaufsicht und ist daher auch frei in der Ausgestaltung.

Direktversicherungen

Eine Direktversicherung ist die in Deutschland am weitesten verbreitete Form der betrieblichen Altersvorsorge. Das liegt daran, dass eine Direktversicherung die einfachste Möglichkeit für Arbeitgeber darstellt, betriebliche Altersvorsorge anzubieten. Dein Arbeitgeber schließt eine Rentenversicherung für Dich und Deine Kollegen ab und führt einen von Dir zuvor festgelegten Betrag, jeden Monat von Deinem Bruttolohn, an die Versicherung ab. Mit Renteneintritt erhältst Du eine lebenslange monatliche Rente, deren Höhe aus Deinem angesammelten Kapital, geteilt durch Deine statistische Lebenserwartung, errechnet wird. Direktversicherungen unterliegen, wie die Pensionskassen und Pensionsfonds, der Aufsicht der Bundesanstalt für Finanzdienstleistungen (BaFin).

Welche besonderen Vorteile hat die betriebliche Altersvorsorge?

Der große Vorteil der betrieblichen Altersvorsorge ist, dass Deine Beiträge direkt von Deinem Bruttoeinkommen abgezogen werden. Durch das niedrigere Brutto, verringern sich Deine monatlichen Steuer- und Sozialversicherungszahlungen. Ein weiterer Vorteil liegt darin, dass auch Dein Arbeitgeber profitiert, weil er geringere Beiträge zu den Sozialversicherungen zahlen muss. (In Deutschland zahlen der Arbeitgeber und der Arbeitnehmer jeweils die Hälfte der Beiträge zu den Sozialversicherungen.)

Die auf diese Weise eingesparten Lohnnebenkosten Deines Arbeitgebers, fließen bestenfalls als Zuschuss in Deine betriebliche Altersvorsorge. Ein Zuschuss ist aber, wie bereits erwähnt, keine Pflicht für Deinen Arbeitgeber. Ein besonderer Vorteil ist darin zu sehen, dass Dein Kapital in einer betrieblichen Altersvorsorge geschützt ist. D. h. solltest Du arbeitslos werden und sogar Sozialhilfe beantragen müssen, dann wird Dein Altersvorsorgekapital nicht vom Staat gepfändet. Außerdem ist Dein Kapital gegen eine mögliche Insolvenz Deines Arbeitgebers oder der Versicherung geschützt. In dem Fall hast Du die Möglichkeit, Dein Kapital zu einer anderen Versicherung zu transferieren.

Was passiert, wenn Du den Arbeitgeber wechselst?

Solltest Du den Arbeitgeber wechseln, kannst Du Deine Versicherung bei einer Pensionskasse, Pensionsfonds oder Direktversicherung einfach zu Deinem neuen Arbeitgeber übertragen und dort weiterführen. Aber Vorsicht. Dein neuer Arbeitgeber hat das Recht, die Übernahme Deiner Betriebsrente zu verweigern. Beispielsweise, wenn hausintern ein Vertrag mit einer anderen Versicherung besteht.

Bei einem Arbeitgeberwechsel gibt es folglich zwei Optionen:

1. Du kannst Deine Betriebsrente bei Deinem neuen Arbeitgeber weiterführen. Das wäre perfekt.

2. Dein neuer Arbeitgeber akzeptiert Deine alte Betriebsrente nicht. Das wäre schlecht.

Im zweiten Fall hast Du genau drei Wahlmöglichkeiten:

- Du zahlst Deine Beiträge privat weiter ein, allerdings aus Deinem Nettogehalt. Die Förderung sowie die Steuerersparnis erhältst Du aber nicht mehr.

- Du stellst Deine alte Betriebsrente beitragsfrei und bekommst im Alter eine Rente aus Deinen bisher eingezahlten Beiträgen ausgezahlt.

- Du kündigst Deine alte Betriebsrente und bekommst das aktuell vorhandene Kapital ausgezahlt. (Deine Beiträge abzüglich der entstandenen Kosten.)

Eine Kündigung und anschließende Auszahlung Deines Kapitals, bringt aufgrund der hohen Kostenbelastung am Anfang meistens sehr wenig. Du solltest es Dir daher gut überlegen, ob Du eine neue Betriebsrente abschließt. Denn das ist gleichbedeutend mit hohen Kosten in den ersten 3-5 Jahren.

Was passiert, wenn Du wieder den Arbeitgeber wechselst?

Grundsätzlich sollte man mit Verstand an die Sache herangehen. Es bringt nämlich gar nichts, wenn Du zehn verschiedene Betriebsrenten mit wenig Kapital hast. Jedoch kann es Sinn machen, eine zweite oder sogar eine dritte Betriebsrente abzuschließen. Es kann sein, dass Dein neuer Arbeitgeber sehr gute Zulagen gewährt, wenn Du einen neuen Vertrag bei dessen Haus und Hof Versicherung abschließt. Es könnte auch sein, dass Du Dich gar nicht beteiligen musst und Dein neuer Arbeitgeber die Beiträge für Deine neue Betriebsrente komplett trägt. Das wären für mich plausible Gründe, um einen weiteren Vertrag zur betrieblichen Altersvorsorge abzuschießen.

Welche Nachteile entstehen bei der betrieblichen Altersvorsorge?

Durch die Entgeltumwandlung (Sparen vom Brutto) und das damit verbundene niedrigere Bruttoeinkommen, verringern sich Deine Beiträge zu den Sozialversicherungen. Daraus resultierend, mindern sich im Bedarfsfall auch Deine Bezüge aus den Sozialversicherungen. Du wirst z. B. eine niedrigere gesetzliche Rente erhalten, weil Du einen niedrigeren Bruttolohn hast und dadurch weniger Rentenpunkte bekommst. Es lohnt sich trotzdem, aber das solltest Du im Hinterkopf behalten. Außerdem darfst Du während der Ansparphase nicht über Dein Geld verfügen. Wenn Du Deinen Vertrag frühzeitig kündigst, um doch über Dein Geld verfügen zu können, bekommst Du aufgrund der Zillmerung nur einen kleinen Teil Deiner bereits eingezahlten Beiträge wieder zurück. Ein weiterer Nachteil der betrieblichen Altersvorsorge ist, dass Du nur wenig bis gar kein Mitspracherecht darüber hast, wie Deine Beiträge angelegt werden.

Darüber hinaus ist zu beachten, dass die Versicherungen mit einer hohen Lebenserwartung kalkulieren, da diese gezwungen sind, Dir eine lebenslange Rente zu garantieren. Daher wird Deine Rente eher klein ausfallen und sich, rein finanziell, erst in einem hohen Alter lohnen. Bei vielen Versicherungen musst Du schon 90 Jahre alt werden, um Dein eingezahltes Kapital wieder heraus zu bekommen.

Wie bereits weiter oben angedeutet, unterliegt die betriebliche Altersvorsorge der Einkommenssteuer und ist darüber hinaus sogar noch sozialversicherungspflichtig. Du bist daher von den politischen Entscheidungen in 20, 30 oder 40 Jahren abhängig. Wenn der Einkommenssteuersatz erhöht werden sollte, dann steigen Deine Abgaben im Alter. Das schmälert Deine Nettorente. Bitte beachte, dass eine Änderung des Steuersatzes für Rentner jederzeit möglich ist. Ähnliches trifft natürlich auch auf die Kranken- und die Pflegeversicherung zu. Eine Anpassung des Beitragssatzes ist ebenfalls jederzeit möglich. Und als Rentner bezahlst Du die Beiträge komplett, da Du keinen Arbeitgeber mehr hast, der die Hälfte übernimmt. Ein großer Nachteil der betrieblichen Altersvorsorge wird oft unter den Tisch gekehrt. In der Ansparphase ist Dein Kapital, für den Fall, dass Du Grundsicherung beantragen musst, geschützt. In der Auszahlungsphase aber leider nicht. D.h. wenn Du im Alter auf Grundsicherung angewiesen bist, weil die Summe Deiner Einkünfte im Alter unterhalb von ungefähr 774€ heutiger Kaufkraft liegt, dann erhältst Du nicht die volle Grundsicherung, sondern 774€ abzüglich Deiner Zusatzrente aus der betrieblichen Altersvorsorge.

Nehmen wir an, Du bekommst 200€ aus einer Zusatzrente, weil Du Dein Leben lang gespart hast. Dann zahlt der Staat Dir nicht die volle Grundsicherung, sondern nur 574€, sodass Du in Addition, auf jeden Fall das Grundsicherungsniveau erreichst. Du hättest also umsonst gespart, weil Du ohnehin 774€ Grundsicherung bekommen würdest. Gerechter wäre es doch, wenn Du auf jeden Fall die Grundsicherung bekommst und zusätzlich von Deinen Ersparnissen profitierst. An dieser Stelle kann ich aber sagen, dass die Bundesregierung diese gravierende Ungerechtigkeit beseitigen möchte. Stand 2016 wird die Betriebsrente aber noch zu 100% gepfändet, solltest Du als Rentner Grundsicherung beziehen.

Zwei Beispiele, wie die betriebliche Altersvorsorge mit einer Direktversicherung aussehen kann.

Beispiel 1: Betriebsrente ohne Arbeitgeberzuschuss

Schauen wir uns das Ganze einmal praktisch an. Dafür muss natürlich wieder der Max herhalten. Folgende, durchaus realistische Annahmen über eine betriebliche Altersvorsorge mit einer Direktversicherung, habe ich für die folgende Berechnung getroffen. Max hat sich für eine klassische Versicherung entschieden und zahlt jeden Monat 100€ in die Versicherung ein. Die Vertragslaufzeit beträgt 32 Jahre und endet an seinem 67. Geburtstag. Max hat als Rentner einen Einkommenssteuersatz von 15% und muss zusätzlich 17% seines Einkommens für die Kranken- und die Pflegeversicherung aufbringen. Renten- und Arbeitslosenversicherung entfallen logischerweise bei Rentnern. Einkommen, Beiträge und Inflation bewegen sich wieder im Gleichschritt mit 1,5% pro Jahr. Die Versicherung erreicht eine Nettorendite von 2,5% pro

Jahr.

Tabelle 9: Betriebsrente ohne Arbeitgeberzuschuss

Produkt	Betriebsrente
Sparrate pro Monat in €	100
Steuer- und SV-Ersparnis pro Monat in €	48
Effektiver Eigenanteil in €	**52**
Laufzeit in Jahren	32
Mögliches Endkapital in €	57.780
Lebenserwartung in Jahren	90
Bruttorente in €	209
Steuer- und SV-Abgaben in %	32
Nettorente in € (heutige Kaufkraft)	**142**

Max zahlt jeden Monat 100€ aus seinem Bruttogehalt in die betriebliche Altersvorsorge ein. Sein steuer- und sozialversicherungspflichtiges Gehalt beträgt nun 2.900€. Dadurch hat er eine niedrigere Belastung bei den Lohnnebenkosten. Die Sparrate von 100€ vom Bruttolohn, verringert seinen Nettolohn nur um 52€. Das macht Max 32 Jahre lang. Mit jeder Gehaltssteigerung steigert Max auch seine Beiträge. Das ist sehr wichtig, wegen der Inflation. Max erreicht damit ein Endkapital von 57.780€. (1.200€ pro Jahr, 32 Jahre lang, zu 2,5%

Zinsen pro Jahr) Die Versicherung kalkuliert mit einer Lebenserwartung von 90 Jahren. Damit muss das Kapital rein rechnerisch für 23 Jahre ausreichen. Max erhält demnach eine lebenslange monatliche Zusatzrente von 209€. Allerdings werden von der Rente noch Steuer- und Sozialversicherungsbeiträge abgezogen. Max erhält ab dem ersten Monat als Rentner, eine Nettoauszahlung von 142€ pro Monat.

Max erreicht also ein Bruttoendkapital in Höhe von 57.780€. Die effektive Verzinsung auf seinen Eigenanteil von 52€ pro Monat beträgt 6%. Ziehen wir noch Steuer- und Sozialversicherungsabgaben ab, dann beträgt die Beitragsrendite seines Eigenanteils 4%.

Beispiel 2: Betriebsrente + (mit Arbeitgeberzuschuss)

Um auch diese Variante zu berechnen, habe ich einen Arbeitgeberzuschuss in Höhe der monatlichen Ersparnis der Arbeitgeberbeiträge zu den Sozialversicherungen, in meine Kalkulation eingerechnet. Alle anderen Annahmen bleiben bestehen.

Tabelle 10: Betriebsrente + (mit Arbeitgeberzuschuss)

Produkt	Betriebsrente mit Zuschuss
Eigenbeitrag pro Monat in €	100
Arbeitgeberzuschuss in €	48
Sparrate pro Monat in €	148
Steuer- und SV-Ersparnis pro Monat in €	48
Effektiver Eigenanteil in €	**52**
Laufzeit in Jahren	32
Mögliches Endkapital in €	85.515
Lebenserwartung in Jahren	90
Bruttorente in €	**310**
Steuer- und SV-Abgaben in %	32
Nettorente in € (heutige Kaufkraft)	**211**

Durch den Arbeitgeberzuschuss von 48€ pro Monat beträgt seine Sparrate nun 148€ pro Monat. Sein Eigenanteil bleibt aber bei 52€. Damit erreicht Max ein Endkapital von 85.515€. Er bekommt eine lebenslange monatliche Bruttorente von 310€. Auch hier gehen aber noch Steuer- und Sozialversicherungsabgaben herunter. Max erhält eine Nettorente von 211€. Das sind 69€ mehr, als in dem ersten Beispiel.

In diesem Fall erreicht Max ein Endkapital in Höhe von 85.515€. Die effektive Verzinsung auf seinen Eigenanteil von 52€ pro Monat beträgt 8%. Ziehen wir noch Steuer- und Sozialversicherungsabgaben ab, dann beträgt die Beitragsrendite seinen Eigenanteils 6%.

Was können wir abschließend über die Betriebsrente festhalten?

Angesichts der Tatsache, dass die gesetzliche Rente in den kommenden Jahrzehnten immer weiter sinken wird, ist die betriebliche Altersvorsoge die erste Möglichkeit, um Dir ein Zusatzeinkommen für Deinen Ruhestand aufzubauen.

Dabei steigt Deine betriebliche Zusatzrente umso höher, je größer der Zuschuss Deines Arbeitgebers ist. Viele Arbeitgeber gewähren, neben der eigentlichen Ersparnis, noch größere Zulagen. Zu den großen Gewinnern zählst Du, wenn Dein Arbeitgeber die Beiträge zu Deiner Direktversicherung sogar alleine, d. h. ohne eine eigene Sparleistung von Dir, vornimmt. Natürlich spielen auch die Rendite und die Kosten eine gewichtige Rolle. Mit einer Nettorendite von 2,5%, sind die Beispiele zwar realistisch, es werden in der Praxis aber natürlich auch schlechtere, allerdings auch bessere Renditen erzielt werden. Außerdem unterstelle ich, dass Max seine Beiträge jedes Jahr um 1,5% erhöht. Damit gehe ich der Inflation aus dem Weg. Würde Max das nicht tun, dann hätte seine Rente eine deutlich geringeren Wert. Wir erinnern uns an die Rentenlücke von Max, die ungefähr bei 601€ pro Monat liegt. Nehmen wir an, Max hat Glück und sein Arbeitgeber gewährt ihm einen Zuschuss zu seiner Betriebsrente. Dann erreicht er dadurch eine lebenslange monatliche Zusatzrente von 211€. Mit dieser Betriebsrente kann Max seine Rentenlücke zwar nicht schließen, aber immerhin gelingt ihm das zu etwas mehr als einem Drittel.

Wie sieht es bei Dir aus? Betreibst Du eine betriebliche Altersvorsorge?

Wenn ja, wie hoch ist Dein Eigenanteil und wie hoch wird Deine Betriebsrente ausfallen? Kannst Du Deine Rentenlücke schließen?

Wenn nein, solltest Du Dich in Deinem Kollegenkreis umhören, welche Möglichkeiten bei Deinem Arbeitgeber angeboten werden.

Kommen wir jetzt zu einer weiteren staatlich geförderten Rente, die Riester Rente.

3.3 Die Riester Rente

Kleine Einführung

Nachdem wir nun die betriebliche Altersvorsorge behandelt haben, schauen wir uns als nächstes die Riester Rente an. Eine kurze Erklärung zu dem Namen: Am 27.10.1998 wurde Walter Riester als Bundesminister für Arbeit und Sozialordnung, in die Bundesregierung unter Gerhard Schröder, berufen. In seiner Amtszeit entwickelte er eine, nach ihm benannte, private Altersrente.

Wer darf die Riester Rente nutzen?

Riestern dürfen alle Angestellten und Beamte in Deutschland. Nicht Riestern dürfen neben Freiberuflern, Selbstständige, die nicht freiwillig pflichtversichert sind.

Wie funktioniert die Riester Rente?

Bei einer Riester Rente schließt Du, auf Deinen eigenen Namen, eine zusätzliche private Rentenversicherung ab. Im Gegensatz zu der Betriebsrente, darfst Du Deine Beiträge aber nicht aus Deinem Bruttogehalt sparen. Deine Sparleistung in eine Riester Rente, erfolgt daher aus Deinem Nettogehalt. Es erfolgt also keine staatliche Förderung im Sinne der Betriebsrente.

Wie wirst Du durch den Staat gefördert?

Die Regierung subventioniert Deine privaten

Sparleistungen in zwei Schritten. Du erhältst eine Grundzulage von maximal 154 € pro Jahr, sofern Du mindestens 4% Deines Bruttogehalts aus dem Vorjahr einzahlst. Sparst Du weniger, bekommst Du auch nur eine anteilige Grundzulage. Sparst Du hingegen mehr als 4%, bekommst Du keine zusätzliche Förderung.

Hast Du Kinder? Wenn ja, wird es an dieser Stelle interessant für Dich. Du bekommst pro Kind eine fixe Zulage pro Jahr, solange Du für Deine Kinder Kindergeld beziehst. Für alle Kinder, die vor dem 31.12.2008 geboren wurden, bekommst Du eine Zulage in Höhe von 185€ je Kind. Für alle Kinder, die nach 2008 geboren wurden, bekommst Du eine Zulage von 300€ je Kind. Aber Achtung, die Kinderzulagen bekommt stets nur ein Elternteil.

Teil Zwei der staatlichen Riester Förderung, besteht in einem Sonderausgabenabzug Deiner Riesterbeiträge in Deiner Steuererklärung. Das rückt wegen der Zulagen immer ein wenig in den Hintergrund. Du darfst Deine gesamte Sparleistung inklusive Deiner erhaltenen Zulagen mit einem Sonderausgabenabzug in Deiner Steuererklärung geltend machen. Dadurch erhältst Du nachträglich noch eine Steuerbefreiung, für Deine zuvor vom Nettoeinkommen gezahlten Beiträge. Sollten Deine Zulagen jedoch höher sein, als eine mögliche Steuerrückzahlung, dann erhältst Du diese nicht. Das ist insbesondere bei Familien mit mehreren Kindern der Fall. Die Steuererstattung bekommst Du allerdings erst nach einem Jahr, indem Du Deine Beiträge als

Sonderausgaben in Deiner Steuererklärung geltend machst.

Dein Finanzamt prüft daraufhin, ob Deine Zulagen oder Deine Steuererstattung günstiger für Dich wären, sodass die für Dich vorteilhafteste Lösung gewählt wird. Aus Deinen monatlichen Einzahlungen, den staatlichen Zulagen und den Zinsgewinnen, ergibt sich dann im Alter ein Endwert. Mit Renteneintritt bekommst Du eine lebenslange monatliche Rente von diesem Endwert ausgezahlt. Wie bei der betrieblichen Altersvorsorge auch, musst Du Dein Einkommen aus einem Riester Vertrag nachgelagert versteuern. Dein Steuersatz als Rentner ist aber vermutlich geringer als Dein jetziger Steuersatz. Im Gegensatz zu der betrieblichen Altersrente, musst Du von Deiner Riester Rente keine Sozialabgaben mehr leisten. Denn Deine Sparraten sind während der Ansparphase schon mit Sozialabgaben belegt worden. (Sparen vom Netto, statt vom Brutto.)

Welche besonderen Vor- und Nachteile entstehen bei einer Riester Rente?

Die Riester Rente ist ein sehr komplexes und viel diskutiertes Produkt. Die Welt der Riester Rente ist in zwei Lager geteilt. Die eine Seite möchte von den Vorteilen der Riester Rente profitieren und die andere Seite möchte die Nachteile der Riester Rente nicht in Kauf nehmen. Die Vorteile liegen auf der Hand. Du bekommst zu Deinen privaten Sparleistung, Zulagen und Steuervergünstigungen. Besonders bei Gutverdienern oder bei Familien mit mehreren Kindern können die Förderungen sehr hoch sein.

Die Riester Gegner argumentieren aus einer anderen Perspektive. Für sie ist die Riester Rente zu unflexibel, zu teuer und lohnt sich in den meisten Fällen wohl nicht. Aber das meist diskutierte Gegenargument ist, dass die Riester Rente, genau wie die Betriebsrente auch, auf die Grundsicherung im Alter angerechnet wird. D.h. wenn Du im Alter auf Grundsicherung angewiesen bist, dann wird diese, um Deine Bezüge aus der Riester Rente, gekürzt. Wie bereits gesagt, ist die Regierung auf einem guten Weg, diese Ungerechtigkeit zu beheben.

Ein weiteres Gegenargument ist darin zu sehen, dass Du während der Ansparphase nicht über Dein Geld verfügen kannst. Solltest Du Deinen Riester Vertrag frühzeitig kündigen, um doch über Dein Geld verfügen zu können, bekommt Du, wie bereits bekannt, nur einen kleinen Teil Deiner bereits eingezahlten Beiträge zurück. Außerdem musst Du die bereits erhaltenen Zulagen und Steuervergünstigungen zurückzahlen. Das Versicherungskonstrukt einer Riester Rente funktioniert, wie bei einer Betriebsrente, mit einer Direktversicherung.

Da Du eine Riester Rente aber auf Deinen eigenen Namen abschließt (Bei der Betriebsrente übernimmt das Dein Arbeitgeber), musst Du die Auswahl eines geeigneten Produkts und die Versicherung selber aussuchen. Da viele Personen nicht sehr viel Erfahrung in dem Bereich haben, sind die vielen verschiedenen Angebote des Riester Sparens für die Mehrheit der Menschen sehr intransparent. Du findest Riester Verträge, bei den verschiedenen Finanzinstituten und Versicherungen, in unzählig verschiedenen Ausführungen, mit jeweils anderen Konditionen. So kannst Du, ohne das nötige Wissen, ganz leicht an schwarze Schafe geraten. Denn: Nur, weil die Bundesregierung das Produkt „Riester Rente" erfunden hat, bedeutet das nicht automatisch, dass alle Banken und Versicherungen Dein Bestes im Sinn haben müssen. Alle Versicherungs- und Bankberater arbeiten in der Regel auf Provisionsbasis. Für den Verkauf einer Riester Rente, erhält Dein Berater eine direkte Abschlussprovision. Ein weiter Nachteil ist, dass einige Riester Verträge keinen Hinterbliebenenschutz in den Verträgen vorsehen. So zahlst Du Dein Leben lang in eine Rentenversicherung ein und im Falle eines frühzeitigen Ablebens, erhalten Deine Hinterbliebenen gar nichts.

Welche Riester Produkte gibt es?

Riester Verträge gibt es in fünf unterschiedlichen Varianten.

- Klassische Riester Rente
- Riester Fondssparplan
- Fondsgebundene Riester Rente
- Riester Banksparplan
- Wohn-Riester bei einer Bausparkasse

Die fünf verschiedenen Anlageformen unterscheiden sich hinsichtlich Kosten, Sicherheit und Rendite.

Im Folgenden werde ich alle fünf Varianten kurz darstellen.

Klassische Riester Rente

Zuerst der Klassiker. Die ganz normale Riester Rentenversicherung. Die Versicherung benennt und garantiert Dir bereits bei Vertragsabschluss, eine garantierte Höhe Deiner lebenslangen monatlichen Rentenzahlung. Das kann die Versicherung machen, weil diese Dir einen festen Zinssatz in Deinen Vertrag schreibt. Der Zinssatz wird in den meisten Fällen bei 0,9% liegen. Darüber hinaus erhältst Du noch einen Überschussanteil, der sich nach den Gewinnen der Versicherung richtet. Erreicht die Versicherung hohe Gewinne, dass bekommst Du einen hohen Überschussanteil. Erzielt die Versicherung keine Gewinne, dann erhältst Du keinen Überschussanteil. Daher wird der Überschussanteil nicht garantiert.

Riester Fondssparplan

Ein Riester Fondssparplan funktioniert nach den gleichen Prinzipien, wie alle Riester Produkte. Einen Fondssparplan schließt Du üblicherweise nicht bei einer Versicherung, sondern bei einer Investmentgesellschaft ab. Als Vermittler fungiert Deine Bank. Du bekommst mindestens Deine Einzahlungen, zuzüglich der staatlichen Zulagen, als Rente garantiert. Der entscheidende Unterschied zu der klassischen Riester Rentenversicherung ist der, dass Du bei Vertragsabschluss keinen Garantiezins bekommst. Deine Beiträge werden am Kapitalmarkt in Aktien- und Rentenfonds angelegt. Du verzichtest bei dieser Varianten auf eine garantierte Höhe, bekommst dafür aber die Chance auf eine höhere Rente, als bei der klassischen Riester Rente. Fondssparpläne sind in der Regel zudem teurer als klassische Produkte.

Die fondsgebundene Riester Rentenversicherung

Diese Variante der Riester Rente kombiniert die Garantie der klassischen Riester Rentenversicherung, mit den Chancen des Riester Fondssparplans. Auch in diesem Fall gilt, dass Du mindestens Deine Einzahlungen, zuzüglich der staatlichen Zulagen, als Rente bekommst. Deine Beiträge werden, wie bei dem Riester Fondssparplan, am Kapitalmarkt in Aktien- und Rentenfonds angelegt. In den meisten Fällen, darfst Du entscheiden, wie risikoreich die Versicherung Deine Beiträge anlegen soll. Allerdings wird bei dieser Mischvariante, wie bereits weiter oben erwähnt, nur ein kleiner Teil Deiner Beiträge in Aktienfonds angelegt. Der überwiegende Teil wird sicher in Anleihen angelegt. Also wird auch bei Deiner fondsgebunden Riester Rentenversicherung auf Sicherheit gespielt, wenn gleich ein gewisser Anteil Deiner Beiträge, den Weg an den Aktienmarkt findet. Ich habe bei der Einführung der Förderrenten bereits darauf hingewiesen, dass fondsgebundene Versicherungen zu deutlich höheren Kosten neigen. Ich tendiere daher dazu, fondsgebundene Versicherungen zu meiden.

Riester Banksparplan

Der Name verrät es bereits. Einen Bank-Sparplan schließt Du natürlich bei Deiner Bank ab. Die Verzinsung wird bei einem Banksparplan auch nicht fest verankert. Du bekommst jedes Jahr den aktuellen Marktzins. Im Gegensatz zu einer fondsgebundenen Riester Rentenversicherung, ist der Banksparplan sehr kostengünstig. Keine Kosten für Versicherungen oder Fonds, aber eben auch keine Rendite. Die durchschnittliche Nettorendite von Versicherungen, erreichst Du mit einem Banksparplan nicht annähernd.

Wohnriester

Eine Wohn-Riester-Rente ist ein Sonderfall. Da der Erwerb von Wohneigentum auch eine Form der privaten Altersvorsorge sein kann, fördert der Staat auch das mit den üblichen Riester Zulagen. Voraussetzung ist allerdings, dass Du die Wohnung oder das Haus selber bewohnen wirst. Auch bei Wohn-Riester-Produkten kannst Du, neben den üblichen Zulagen, auch noch Steuern sparen, indem Du Deine Beiträge und die Zulagen als Sonderausgabenabzug in Deiner Steuererklärung geltend machst.

Bei dem Produkt „Wohnriester“ wird zwischen drei verschiedenen Varianten unterschieden.

- Riester Darlehen
- Riester Bausparvertrag
- Riester Kombi Kredit

Riester Darlehen

Ein Riester Darlehen funktioniert grundsätzlich, wie jedes andere Darlehen auch. Du kaufst ein Haus mit Fremdkapital, das Du mit einer festen, monatlichen Rate aus Zinsen und Tilgung zurückzahlen musst. Das Riester Darlehen unterstützt Dich bei dieser Abzahlung, indem die Riester Zulagen in die Tilgung fließen.

Riester Bausparvertrag

Ein Riester Bausparvertrag kommt für Dich in Frage, wenn Du Dir sicher bist, dass Du ein Haus kaufen willst. Aber natürlich noch nicht heute, sondern vielleicht in 10 Jahren. Bei einem Riester Bausparvertrag legst Du eine Bausparsumme fest. Die Hälfte der Summe sparst Du selber an und die andere Hälfte bekommst Du als günstiges Darlehen. Die Ansparphase wird durch die Riester Förderung beschleunigt. In der Abzahlungsphase des anschließenden Darlehens, fließen die Riester Zulagen in die Tilgung ein. Das anschließende Darlehen muss bis zur Rente abbezahlt sein.

Riester Kombi Kredit

Der Riester Kombi Kredit ist eine Mischform aus Riester Darlehen und Riester Bausparvertrag. Du tilgst nur nicht sofort das Darlehen, sondern zahlst Deine Tilgung in einen Bausparvertrag ein. Wenn dieser zuteilungsreif ist, löst Du damit das Darlehen ab. Auch bei dieser Mischform, werden die Ansparphase und die Tilgungsphase durch die staatlichen Zulagen gefördert.

Das nur zum Überblick für Dich, welche Möglichkeiten Du theoretisch mit einer Riester Rente hast. Grundsätzlich möchte ich Dich aber auf Produkte aufmerksam machen, mit denen Du ein zusätzliches Einkommen für Deinen Ruhestand generieren kannst. Daher beenden wir an dieser Stelle den Ausflug in die weite Riesterwelt und schauen uns an, welche Rente Max aus einer klassischen Riester Rente bekommt.

Ein Beispiel, wie die Altersvorsorge mit einer Riester Rente aussehen kann.

Um die Riester Rente mit der Betriebsrente vergleichbar zu machen, gehen wir bei den Berechnungen von den gleichen Annahmen aus, wie bei der betrieblichen Altersvorsorge. Einzige Ausnahme: Max hat sich für eine klassische Versicherung entschieden und zahlt jeden Monat 120€ in die Versicherung ein, damit er die volle Förderung von 154€ pro Monat erhält. Eine Sparrate von 100€ pro Monat würde dafür nicht ausreichen. Denn angespart werden müssen mindestens 4% von 36.000€

Jahresgehalt, das sind 1.440€ jährlich, was eine Sparrate von 120€ pro Monat bedeutet. Würde Max nur 100€ einzahlen, dann würde seine Zulage entsprechend gekürzt. Das möchte er nicht. Die Vertragslaufzeit beträgt 32 Jahre und endet am 67. Geburtstag von Max. Die Versicherung erreicht in den folgenden 32 Jahren, eine Beitragsrendite von durchschnittlich 2,5%. pro Jahr. Die Versicherung kalkuliert mit einer Lebenserwartung von 90 Jahren. Max hat als Rentner einen Einkommenssteuersatz von 15%. Sozialversicherungsbeiträge muss er in diesem Fall nicht zahlen, weil seine Beiträge bereits mit Sozialabgaben belegt wurden. (Sparen vom Netto, statt Sparen vom Brutto, wie bei einer Betriebsrente.) Beiträge und Inflation bewegen sich wieder im Gleichschritt mit 1,5% pro Jahr.

Tabelle 11: Riester Rente

Produkt	Riester Rente
Tatsächliche Sparrate in €	1.440
-Grundzulage in €	154
Jahreseigenbeitrag in €	1.286
Sparrate pro Monat in €	107
-Steuererstattung p.a. in €	391
Effektiver Eigenanteil in €	**75**
Anlagebetrag pro Monat in €	120
Mögliches Kapital in €	69.336
Lebenserwartung in Jahren	90
Bruttorente in €	**251**
Steuersatz in %	15
Nettorente in € (heutige Kaufkraft)	**214**

Die Grundzulage von 154€ pro Jahr wird von seiner rechnerischen Sparrate von 1.440€ pro Jahr angezogen. Max muss 1.286€ pro Jahr bzw. 107€ pro Monat in seine Riester Rente einzahlen. Nach einem Jahr bekommt

Max für seine Sparleistung eine Steuergutschrift in Höhe von 391€ vom Finanzamt, da er seine Beiträge in der Steuerklärung als Sonderausgabenabzug angegeben hat. Sein effektiver Eigenanteil beträgt damit insgesamt rund 75€ pro Monat ((1440 - 154 - 391) /12). Jährlich fließen aber 1.440€ in seine Riester Rente. Nach 32 Jahren hat Max ein Endkapital in Höhe von 69.336€. Daraus erhält er nach 32 Jahren eine lebenslange monatliche Bruttorente in Höhe von 251€. Bei seinem persönlichen Einkommensteuersatz von 15%, erhält Max jeden Monat eine Zusatzrente von 214€ netto. In diesem Fall erreicht Max ein Endkapital in Höhe von 69.336€. Die effektive Verzinsung auf seinen Eigenanteil von 75€ pro Monat beträgt 5,1%. Ziehen wir noch Steuern ab, dann beträgt die Beitragsrendite seinen Eigenanteils 4,2%.

Riester Rente mit Kinderzulage

Eine Riester Rente lohnt sich vor allen Dingen für den Fall, dass Du Kinder hast. Du kannst entscheiden, wie die Kinderzulage Deine Riester Rente beeinflusst. Für den Fall, dass Max Kinder hätte, könnte er die Kinderzulage entweder zusätzlich in sein Kapital einfließen lassen oder seinen Eigenbeitrag entsprechend reduzieren. Die Zulagen werden, bei der Ermittlung des Eigenanteils berücksichtigt. Zu Erinnerung: Du bekommst pro Kind eine fixe Zulage pro Jahr, solange Du für Deine Kinder Kindergeld beziehst. Für alle Kinder, die vor dem 31.12.2008 geboren wurden, bekommst Du eine Zulage in Höhe von 185€ je Kind. Für alle Kinder, die nach 2008 geboren wurden, bekommst Du eine Zulage von 300€ je

Kind. Aber Achtung, die Kinderzulagen bekommt stets nur ein Elternteil.

Was können wir festhalten?

Angesichts der Tatsache, dass die gesetzliche Rente in den kommenden Jahrzehnten immer weiter sinken wird, ist die Riester Rente, neben der betrieblichen Altersvorsorge, eine zweite, staatlich geförderte Möglichkeit, um Dir ein Zusatzeinkommen für Deinen Ruhestand aufzubauen. Die staatliche Förderung erfolgt jedoch auf einem komplett anderen Weg als bei der Betriebsrente. Was bei der Betriebsrente der Arbeitgeberzuschuss ist, das ist bei der Riester Rente die Kinderzulage. Auch hier sind vor allem die Kosten und die Rendite von besonderem Interesse. Die Annahmen aus den Beispielen sind realistische Durchschnittswerte. Dennoch wird es in der Praxis natürlich teurere, aber auch günstigere Angebote geben. Wichtig ist, dass Du mehrere Produkte vergleichst, um das Produkt mit der höchsten Nettorendite auszuwählen. Wir erinnern uns an dieser Stelle an die Rentenlücke von Max, die bei ungefähr 601€ liegt. Mit einem Eigenbeitrag von 75€ pro Monat, kann Max eine lebenslange monatliche Riester Rente in Höhe von 214€ erreichen.

Tabelle 12: Zwischenstand Rentenlücke

Berechnung	Rentenlücke
Vorsorgelücke in €	601
Betriebsrente in €	211
Riester Rente in €	214
Noch offen in €	**176**

Mit seiner Betriebsrente und seine Riester Rente kann Max seine Vorsorgelücke zu mehr als zweidrittel schließen. Dafür muss er einen effektiven Eigenanteil von 127€ pro Monat leisten. (52€ Betriebsrente und 75€ Riester Rente)

Wie sieht es bei Dir aus? Betreibst Du Deine Altersvorsorge mit einer Riester Rente? Wenn ja, wie hoch ist Dein Eigenanteil und wie hoch wird Deine Rente ausfallen? Kannst Du Deine persönliche Rentenlücke schließen?

Bevor ich ein kleines Fazit ziehen möchte, sprechen wir im nächsten Unterpunkt dieses Kapitels noch über die dritte staatlich geförderte Rente, die Rürup Rente.

3.4 Die Rürup Rente

Einführung

Die Rürup Rente, die auch Basisrente genannt wird, wurde im Jahr 2005 in Deutschland eingeführt. Namenspatron ist Bert Rürup, ein deutscher Wirtschaftswissenschaftler und ehemaliger Wirtschaftsweiser. Die Rürup Rente wurde als eine staatlich subventionierte Form der privaten Altersvorsorge für Selbstständige und Freiberufler eingeführt. Eben für die Personen, die keine Riester Rente und keine Betriebsrente abschließen dürfen. Allerdings dürfen auch Angestellte und Beamte die Rürup Rente in Anspruch nehmen. Grundsätzlich darf jeder, der Sonderausgaben in seiner Steuererklärung geltend machen kann, eine Rürup Rente abschließen. Die Rürup Rente wird aber nicht mit 154€ pro Jahr bezuschusst, wie die Riester Rente. Auch gibt es keine extra Zuschüsse für Familien mit Kindern.

Was ist das Besondere an der Rürup Rente?

Die Besonderheit bei dieser Form der privaten Altersvorsorge ist, dass Alleinstehende bis zu 22.766€ und Eheleute bis zu 45.532€ jährlich an Beiträgen einzahlen können. Die Einzahlungen können dann, stand 2016, zu 84% steuerlich mindernd, in der Steuererklärung angegeben werden. Zur Erinnerung: Bei der Riester Rente sind das nur 4% des Einkommens und maximal 2.100€ jährlich, die abgesetzt werden dürfen. Dazu bist Du bei der Rürup Rente sehr flexibel in der Höhe und den Zeitpunkten der Einzahlungen. Es gibt keinen Mindestbetrag, wie bei der Riester Rente. Du kannst eine monatlich gleichbleibende Rate, mal mehr, mal weniger oder eine große Einmalzahlung pro Jahr einzahlen. Damit passt sich die Rürup Rente der Situation von Selbstständigen, mit schwankenden monatlichen Einnahmen, an.

Eine Rürup Rente wird, ebenso wie eine Riester Rente, im Alter als monatliche Rente an den Sparer ausgeschüttet. Die Rentenzahlung läuft, wie in den vorgenannten Fällen, lebenslang. Es gibt drei verschiedenen Varianten der Rürup Rente.

- Klassische Rürup Rente
- Fondsgebundene Rürup Rente
- Rürup Sofortrente

Die klassische und die fondsgebundene Variante unterscheiden sich wieder hinsichtlich Aktienanteil und Kosten. Das klassische und das fondsgebundene Produkt funktionieren, genau wie die entsprechenden Varianten der Betriebsrente und der Riester Rente. Soweit nichts Neues.

Bei der Rürup Sofortrente, wird eine einmalige Zahlung von z.B. 50.000€, in eine Sofortrente umgewandelt.

Welche Vor- und Nachteile hat eine Rürup Rente?

Grundsätzlich hat eine Rürup Rente, als dritte staatliche Förderrente, die gleichen Vor- und Nachteile, wie die Betriebsrente und die Riester Rente. Die Rürup Rente ist so aufgebaut worden, dass diese hauptsächlich von selbstständigen Personen genutzt wird. Aber auch Angestellte, dürfen eine Rürup Rente abschließen. Wir werden die Rürup Rente an dem Beispiel von Max durchrechnen.

Ein Beispiel, wie die Altersvorsorge mit einer Rürup Rente aussehen kann.

Folgende, durchaus realistische Annahmen über eine Rürup Rente, habe ich für die folgende Berechnung getroffen. Max hat sich für eine klassische Versicherung entschieden und zahlt jeden Monat 100€ in die Versicherung ein. Die Vertragslaufzeit beträgt 32 Jahre und endet an seinem 67. Geburtstag. Max hat als Rentner einen Einkommenssteuersatz von 15%. Beiträge und Inflation bewegen sich wieder im Gleichschritt mit 1,5% pro Jahr. Die Versicherung erreicht eine Nettorendite von 2,5% pro Jahr.

Tabelle 13: Rürup Rente

Produkt	Rürup Rente
Sparrate pro Monat in €	100
Steuererstattung p.a. in €	327
Effektiver Eigenanteil in €	**73**
Laufzeit in Jahren	32
Mögliches Endkapital in €	57.780
Lebenserwartung in Jahren	90
Bruttorente in €	**209**
Steuersatz in %	15
Nettorente in € (heutige Kaufkraft)	**178**

Max zahlt jeden Monat 100€ von seinem Nettogehalt in die Rürup Rente ein. Diese Ausgaben kann er in seiner Steuererklärung als Sonderausgaben abziehen. Sein effektiver Eigenbeitrag beträgt 73€ pro Monat ((1200 – 327) /12). Bei einem durchschnittlichen Zinssatz von 2,5% pro Jahr, erreicht Max ein Endkapital in Höhe von 57.780€. Seine lebenslange monatliche Rürup Rente beträgt 209€. Einkommen aus einer Rürup Rente wird mit dem persönlichen Steuersatz versteuert. Max erhält, ab seinem ersten Rentenmonat, eine Nettorente von 178€ pro Monat.

In diesem Fall erreicht Max ein Endkapital in Höhe von

57.780€. Die effektive Verzinsung auf seinen Eigenanteil von 73€ pro Monat beträgt 4,2%. Ziehen wir noch Steuern ab, dann beträgt die Beitragsrendite seinen Eigenanteils 3,4%.

Was können wir festhalten?

Die Rürup Rente ist, neben der Riester Rente und der betrieblichen Altersvorsorge, eine dritte staatlich geförderte Möglichkeit, um Dir ein Zusatzeinkommen für Deinen Ruhestand aufzubauen. Die Rürup Rente punktet durch die Höhe der möglichen Einzahlungen und ist daher eher für Unternehmer, als für Privatpersonen geeignet. Der Hauptvorteil ist ganz klar, in der Flexibilität der Zahlungszeitpunkte sowie der Beiträge zu sehen. Schauen wir uns wieder die Vorsorgelücke von Max an.

Tabelle 14: Endstand Rentenlücke

Berechnung	Rentenlücke
Vorsorgelücke in €	601
Betriebsrente in €	211
Riester Rente in €	214
Rürup Rente in €	178
Zusatzrenten in €	**603**

Max kann seine Rentenlücke tatsächlich, mit einer Kombination aus allen drei Förderrenten, schließen. Dafür muss er jeden Monat, 32 Jahre lang, einen

Eigenbeitrag von 200€ zahlen. (52€ Betriebsrente, 75€ Riester Rente und 73€ Rürup Rente). Er muss aber zwingend darauf achten, dass er sein Gehalt und seine Beiträge jedes Jahr um die Inflationsrate anpasst. Er würde dann eine Zusatzrente in Höhe von 603€ (heutiger Kaufkraft) pro Monat erhalten.

Bei einem Eigenbeitrag von 200€ pro Monat, erreicht er ein Gesamtendkapital in Höhe von 212.631€ brutto. Das entspricht einer jährlichen Rendite von 5,9%. Ziehen wir jetzt noch die Steuer- und Sozialversicherungsabgaben ab, dann erreicht Max einen Nettogesamtendkapital in Höhe von 166.200€. Das entspricht einer jährlichen Rendite von 4,5% auf seinen Eigenanteil von 200€ pro Monat.

Wie sieht es bei Dir aus? Hast Du bereits eine Förderrente abgeschlossen? Kannst Du Deine Rentenlücke mit den Förderrenten schließen?

Nachdem wir nun die Rentenlücke geschlossen haben, erinnern wir uns an unser Ausgangsbeispiel. Offen wäre noch das Kapital in Höhe von 50.000€, dass Max gerne zu seinem 67. Geburtstag auf seinem Konto haben möchte. Dafür sind weitere Sparmaßnahmen notwendig. Welche weiteren Produkte ihm dafür zur Verfügung stehen und ob es nicht noch bessere Alternativen zu den Förderrenten gibt, erfährst Du in den nächsten Kapiteln dieses Buches. An dieser Stelle möchte ich aber kurz ein kleines Fazit zu den Förderrenten ziehen.

3.5 Fazit Förderrenten

Wir haben die drei staatlich geförderten Rentenversicherungen in diesem Kapitel behandelt. Die betriebliche Rente, die Riester Rente und die Rürup Rente, sind staatliche geförderte Möglichkeiten, um Dir eine private Altersvorsorge aufzubauen. Du hast grundsätzlich die Wahl zwischen einer klassischen und einer fondsgebundenen Versicherung. Aufgrund der niedrigen Kosten tendiere ich in allen Fällen zu einer klassischen Variante.

Durchschnittlich werden sich Deine gesamten Sparraten mit ungefähr 2,5% pro Jahr verzinsen. Deine Beitragsrendite wird ungefähr bei 4,5% liegen, weil Du nicht 100% der Sparraten selber tragen musst. Du bekommst das so angesparte Kapital aber nicht komplett ausgezahlt, wenn du 67 Jahre alt bist. Du erhältst stattdessen eine lebenslange monatliche Rente. Um die Höhe der Rente zu berechnen, wird Dein erreichtes Endkapital durch Deine Restlebenserwartung geteilt. (Einfach ausgedrückt).

Die Versicherungen müssen Dir den Schutz Deines Kapitals garantieren. Deshalb werden diese Deine Beiträge nur in sichere Anlageklassen anlegen. Daher kommt es bei den Förderrenten nur zu einem kleinen Zinseszinseffekt. Dein Kapital vermehrt sich also langsam.

Zur Erinnerung, habe ich hier noch einmal die Zinseszinskurven für Dich.

Grafik 3: Zinseszins

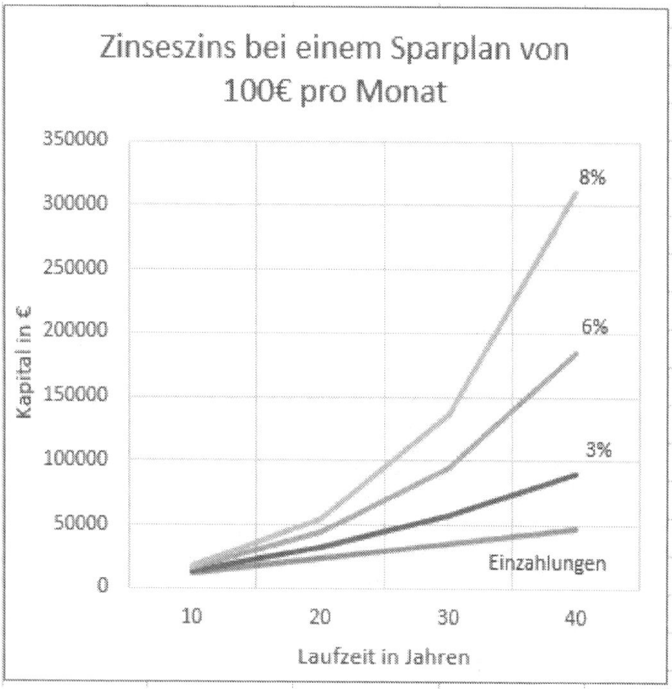

Eine Förderente liegt also ungefähr zwischen den beiden mittleren Kurven. Herauszuheben ist hier die Betriebsrente mit Arbeitgeberzuschuss, die Deinen Eigenbeitrag mit ungefähr 6% pro Jahr verzinst.

Ein großer Vorteil der Förderrenten ist, dass Dein Kapital im Falle einer Arbeitslosigkeit geschützt ist. D. h. solltest Du Grundsicherung beantragen, wird Dein Kapital aus den Förderrenten nicht zu Deinem Besitzt gezählt und ist somit vor Pfändungen durch das Sozialamt geschützt. Leider kehrt sich dieser Vorteil, im Alter in einen Nachteil um. Aktuell werden die Förderrenten auf die Grundsicherung angerechnet. Aber Abhilfe scheint in Sicht zu sein. An dem Beispiel von Max haben wir gesehen, dass es möglich ist, Deine Rentenlücke mit den Förderrenten zu schließen. Leider ist das nicht besonders günstig. Max muss dafür jeden Monat stolze 200€ aus seinem Nettogehalt aufwenden. In den nächsten Kapiteln werden wir noch weitere Produkte für Deine Altersvorsorge durchsprechen. Als nächstes geht es um die Lebensversicherung. Das Lieblingsprodukt der Deutschen.

Schauen wir mal rein.

4. Lebensversicherungen

4.1 Einführung

Die in Deutschland am weitesten verbreitete Form der privaten Altersvorsorge, ist immer noch die Lebensversicherung. Es existieren in Deutschland aktuell über 90 Millionen laufende Verträge. Aber Lebensversicherung ist nicht gleich Lebensversicherung. Man unterscheidet grundsätzlich zwei verschiedene Formen der Lebensversicherung.

- Kapitalbildende Versicherungen
- Risikoversicherungen

Die kapitalbildenden Versicherungen bilden, wie der Name es bereits verrät, ein Kapital, das Dir im Rentenalter entweder als Einmalzahlung oder als monatliche Rente ausgezahlt wird. Die beiden kapitalbildenden Versicherungen, die ich in diesem Buch durchgehen möchte, sind:

- Kapitallebensversicherung
- Private Rentenversicherung

Die Risikoversicherungen bilden dagegen kein Kapital. Diese Formen der Versicherung, sichern Dich und Deine Familie gegen existenzbedrohende Risiken ab, für den Fall das bestimmte Umstände eintreffen. Tritt der

Umstand nicht ein, bekommst Du auch kein Geld. Welche Umstände das sein können, sehen wir später noch.

Die beiden wichtigsten Risikoversicherungen, die Du für die perfekte Altersvorsorge auf jeden Fall benötigst, sind:

- Risikolebensversicherung
- Berufsunfähigkeitsversicherung

In diesem Kapitel werde ich Dir einen Überblick über die genannten Produkte sowie deren Stärken und Schwächen geben.

Dabei wirst Du feststellen, dass es bei den kapitalbildenden Lebensversicherungen einige Überschneidungen zu den Förderrenten gibt, denn Förderrenten sind im Grunde auch nur Lebens- und Rentenversicherungen, allerdings in einem anderen Gewand.

Ebenfalls werden wir wieder Beispielrechnungen für Max durchführen, an denen Du Dich orientieren kannst.

Legen wir los.

4.2 Kapitallebensversicherung

Eine Kapitallebensversicherung zählt, wie der Name es vorwegnimmt, zu den kapitalbildenden Versicherungen. Es wird, genau wie bei den Förderrenten auch, über mehrere Jahre ein Kapital gebildet.

Diese Form der Lebensversicherung bietet Dir eine Kombination aus einer Kapitalbildung für Deinen Ruhestand und einem Hinterbliebenenschutz im Falle eines vorzeitigen Ablebens. Eine Kapitallebensversicherung kannst Du als klassische oder fondsgebundene Variante abschließen.

Bei der klassischen Lebensversicherung erhältst Du, wie bei allen bisher kennengelernten klassischen Modellen, eine Kapitalgarantie und einen festen Garantiezins pro Jahr. Aktuell liegt dieser Zinssatz bei 0,9% pro Jahr. Darüber hinaus muss die Versicherung Dich gesetzlich noch an Gewinnen beteiligen. Die sogenannte Überschussbeteiligung. Diese jährliche Gewinnbeteiligung gibt es aber nur dann, wenn auch tatsächlich Gewinne erwirtschaften worden sind. Wir können aber realistisch von einer durchschnittlichen Beitragsrendite von 2,5% pro Jahr ausgehen. Somit erhältst Du mindestens 0,9% Zinsen als garantierte Rendite, die aber durch die Gewinnbeteiligung auf durchschnittlich 2,5% pro Jahr ansteigen kann, aber nicht muss.

Bei der Kapitallebensversicherung erhältst Du aber keine monatliche Rente, wie bei den Förderrenten. Am Ende der Vertragslaufzeit wird Dir Dein Endkapital, abzüglich Steuern ausgezahlt. Solltest Du innerhalb der Vertragslaufzeit sterben und die Leistungen nicht mehr persönlich empfangen können, dann wird die vereinbarte Vertragssumme oder je nach Vertrag ein Teil davon, an Deine Hinterbliebenen ausgezahlt.

Die fondsgebundene Variante der Kapitallebensversicherung funktioniert vom Grundsatz her, genau wie die klassische Variante. Bei der fondsgebundenen Variante wird Dir aber nur Dein eingezahltes Kapital garantiert. Die Mindestverzinsung von 0,9% entfällt. Dafür legt die Versicherung einen Teil Deiner Beiträge in Aktienfonds an, wodurch Du die Chance auf eine höhere Rendite erhältst. Fondsgebundene Versicherungen sind in der Regel aber deutlich teuer.

Du zahlst bis zur Rente oder alternativ bis zu einem festen Termin, z. B. Deinen 62. Geburtstag, in die Versicherung Deiner Wahl ein. Dabei ist Dein Vermögen, genau wie bei den Förderrenten auch, während der Ansparphase vor einer Pfändung durch das Sozialamt geschützt. Eine Kapitallebensversicherung ist nur für Deine Altersvorsorge bestimmt. Eine Zweckentfremdung kommt nicht in Frage, da Du das Geld erst im Ruhestandsalter ausgezahlt bekommst. Aber auch bei der Kapitallebensversicherung gilt, dass Dein Kapital gepfändet wird, für den Fall, dass Du im Alter

Grundsicherung beantragen musst.

Der wohl wichtigste Unterschied zu den Förderrenten ist, dass der Staat Dich bei einer Kapitallebensversicherung nicht unterstützt. D. h. Du erhältst keine Zulagen und auch keine Steuervergünstigungen. Du musst 100% der Beiträge aus Deinem Nettogehalt aufbringen. Der zweite große Unterschied, besteht in den verschiedenen Möglichkeiten in der Auszahlungsphase. Bei den Förderrenten hast Du kein oder nur ein eingeschränktes Wahlrecht, wie Du Dein Endkapital ausgezahlt haben möchtest. Die Förderrenten setzen eher auf eine lebenslange Verrentung Deines Kapitals. Zusätzlich werden von Deiner monatlichen Bruttorente noch Steuern und Sozialversicherungsbeiträge abgezogen. Bei einer kapitalbildenden Lebensversicherung ist das anders. Mit Ablauf Deiner Vertragslaufzeit, z. B. zu Deinem 67. Geburtstag, bekommst Du das erreichte Endkapital, abzüglich einer Steuerbelastung auf den Ertragsanteil, ausgezahlt. Sozialversicherungsbeiträge musst Du nicht bezahlen.

Wie hoch der Steuersatz ausfällt, richtet sich nach zwei verschiedenen Parametern:

- Dein persönlicher Einkommenssteuersatz
- Deine Lebensversicherung

Der Ertragsanteil Deines Endkapitals wird mit Deinem persönlichen Steuersatz belegt. Der Ertragsanteil ist die Differenz aus Deinem Endkapital minus Deiner Einzahlungen. Du musst also den Gewinn Deiner Lebensversicherung versteuern. Deine Beiträge werden hingegen nicht versteuert. Es kann allerdings sein, dass Dein Vertrag gewisse Kriterien für die Besteuerung der Erträge enthält. Dann musst Du nur die Hälfte der Erträge versteuern oder sogar gar keine Steuern zahlen. Darauf gilt es bei Vertragsabschluss zu achten.

Wenn Du bereits eine Kapitallebensversicherung hast, dann ist das Abschlussdatum entscheidend. Hast Du Deine Kapitallebensversicherung vor dem 01.01.2005 abgeschlossen, die schon mindestens 12 Jahre läuft und Du mindestens 5 Jahre konstant Beiträge eingezahlt hast, dann musst Du gar keine Steuern auf Dein Endkapital zahlen. Hast Du Deine Lebensversicherung nach dem 31.12.2014 abgeschlossen, dann musst Du mindestens die Hälfte des Gewinns versteuern. Das gilt für alle Kapitallebensversicherungen, die mindestens 12 Jahre bestehen und deren Auszahlung erst nach dem 62. Lebensjahr erfolgt.

Schließt Du heute eine neue Kapitallebensversicherung ab, die an Deinem 60. Geburtstag ausläuft, dann musst Du den Gewinn voll versteuern. Bei einer vorzeitigen Kündigung des Vertrags, wird ein Rückkaufwert berechnet. Du erhältst Deine Einzahlungen, abzüglich der bereits entstandenen Kosten, zurück.

Die kapitalbildende Lebensversicherung passt, wegen der vollständigen Kapitalauszahlung aber sehr gut in das Konzept von Max. Wir erinnern uns, dass er neben seiner Rentenlücke, zusätzlich noch über ein Kapital in Höhe von 50.000€ verfügen möchte, wenn er im Alter von 67. Jahren in seinen Ruhestand geht.

Ein Beispiel, wie die Altersvorsorge mit einer Kapitallebensversicherung aussehen kann.

Max hat sich für eine klassische Kapitallebensversicherung entschieden, um seinen Kapitalwunsch von 50.000€ zu erreichen. Max zahlt 100€ pro Monat in die Versicherung ein.

Die Vertragslaufzeit beträgt 32 Jahre und endet an seinem 67. Geburtstag. Die Versicherung legt die Beiträge von Max ausschließlich in sichere Staats- und Unternehmensanleihen an und erreicht in den folgenden 32 Jahren, eine durchschnittliche Nettobeitragsrendite von 2,5% pro Jahr.

Max hat als Rentner einen Einkommenssteuersatz von 15%, der allerdings in diesem Fall, nur auf die Erträge der Versicherung erhoben wird. Da er alle Kriterien erfüllt, muss er nur die Hälfte des Gewinns versteuern. Sein Eigenanteil bleibt steuerfrei. Sozialversicherungsbeiträge entfallen bei einer Kapitallebensversicherung. Beiträge und Inflation bewegen sich im Gleichschritt mit 1,5% pro Jahr.

Tabelle 15: Kapitallebensversicherung

Produkt	Kapitallebensversicherung
Sparrate pro Monat in €	100
Laufzeit in Jahren	32
Mögliches Kapital in €	57.780
Eigenbeitrag in €	38.400
Gewinn	19.380
Steuern in %	**15**
Steuerabzug in €	1.454
Auszahlungsbetrag in € (heutige Kaufkraft)	**56.327**

Max zahlt in diesem Fall 100€ pro Monat in die Versicherung ein. Max erreicht ein Endkapital von 57.780€ (1200€, 32 Jahre lang, mit 2,5% Verzinsung pro Jahr). Der Gewinn beträgt 19.380€. Auf den Gewinn muss Max Steuern zahlen. Allerdings nur zur Hälfte, weil er alle Kriterien für eine Ermäßigung erfüllt. So bleibt ihm an seinem 67. Geburtstag ein Kapital von 56.327€. Max erreicht also etwas mehr, als er sich vorgenommen hatte.

Da er den Beitrag zu der Kapitallebensversicherung zu 100% selber tragen muss, ist die Verzinsung der Versicherung, gleichzeitig auch seine persönliche Beitragsrendite.

Was können wir festhalten?

Die Kapitallebensversicherung ist neben den drei Förderrenten, eine vierte Möglichkeit, um Dir ein Zusatzeinkommen für Deinen Ruhestand aufzubauen. Mit dem Unterschied, dass Dir das gesamte Kapital, abzüglich der Ertragssteuern, an dem Fälligkeitstag ausgezahlt wird. Ich habe der Einfachheit halber, den 67. Geburtstag gewählt. In der Praxis sind auch andere Konstellationen denkbar. Wenn Du im Alter über einen bestimmtes Kapital verfügen möchtest, dann kannst Du das, mit dieser Form der Lebensversicherung erreichen.

Aber eine große Kapitalsteigerung seitens der Versicherung darfst Du auch nicht erwarten. Die von mir angenommene, durchschnittliche Nettorendite von 2,5% pro Jahr, ist ein realistischer Durchschnittswert. Es gibt in der Praxis durchaus günstigere, aber auch teurere Verträge. Daher solltest Du verschiedene Angebote einholen, falls Du eine Kapitallebensversicherung abschließen möchtest.

Max hat nun sein Ziel erreicht und seine komplette Rentenlücke geschlossen und zudem sein gewünschtes Startkapital erreicht.

Tabelle 16: Zusammenfassung

Produkt	Eigenbeitrag in €	Nettorente in €	Auszahlung in €
Betriebsrente +	52	211	0
Riester Rente	75	214	0
Rürup Rente	73	178	0
Kapitallebensve	100	0	56.327
Summe	**300**	**603**	**56.327**

Um seine komplette Rentenlücke zu schließen, muss Max jeden Monat effektiv 300€, in vier verschiedene Versicherungsprodukte einzahlen. Das sind immerhin 15% von seinem Nettogehalt.

Eine andere Variante der kapitalbildenden Versicherungen, ist die private Rentenversicherung.

Dazu kommen wir jetzt.

4.3 Private Rentenversicherung

Eine private Rentenversicherung zählt, wie die Kapitallebensversicherung, zu den kapitalbildenden Versicherungen.

Eine private Rentenversicherung kannst Du in den zwei bereits bekannten Varianten bekommen, klassisch und fondsgebunden. Beide Varianten eignen sich, wie bereits alle anderen besprochenen Vorsorgeprodukte auch, um eine Ergänzung zu Deiner gesetzlichen Rente zu schaffen. Ich erspare es Dir jetzt, den Unterschied zwischen klassischer und fondsgebundener Variante noch einmal zu erklären. Ich denke, dass Dir die Unterschiede jetzt klar sind. Es wird in jedem Fall ein Kapital aufgebaut, aus dem Du im Alter eine Rente beziehen kannst.

Wo besteht der Unterschied zu den Förderrenten und der Kapitallebensversicherung?

Bei der fondsgebundenen privaten Rentenversicherung hast Du die Chance, auf den Kapitalschutz zu verzichten. Die Versicherung investiert dann einen größeren Teil Deiner Beiträge in Aktienfonds, sodass Du eine größere Rendite bekommen kannst. Allerdings ist es in diesem Fall auch möglich, dass Du am Ende der Vertragslaufzeit, ein Kapital unterhalb Deiner Einzahlungen hast. Dieser Umstand ist neu für Dich. Bei den Förderrenten und bei der Kapitallebensversicherung wird Dir schließlich immer, mindestens Dein eingezahltes Kapital garantiert.

Aber genau das, ist bei der privaten Rentenversicherung nicht der Fall. Ein weiterer Unterschied besteht in der Besteuerung von privaten Rentenversicherungen. Im Gegensatz zu einer Förderrente, die Du komplett versteuern musst, gelten bei einer privaten Rentenversicherung andere Regeln. Je nachdem, wann Deine Rentenzahlung beginnt, musst Du nur einen gewissen Teil der privaten Rente versteuern. Das wird in dem Einkommensteuergesetz geregelt. Bist Du zu dem Beginn der Rentenzahlung 67 Jahre alt, dann musst Du z. B. nur 18% Deiner privaten Rente versteuern. Umso jünger Du bist, desto höher ist der Anteil, den Du versteuern musst. Bist Du bei Beginn der Rentenzahlung erst 50 Jahre alt, dann musst Du 30% Deiner privaten Rente versteuern.

Bei Ablauf des Vertrags hast Du in dem meisten Fällen ein Wahlrecht, zwischen einer Kapitalabfindung und einer Rente. In diesem Fall würde Dein Endkapital abzüglich Steuern, in einem Rutsch ausgezahlt, statt monatlich verrentet werden.

Ein Beispiel, wie die Altersvorsorge mit einer privaten Rentenversicherung aussehen kann.

Max hat sich für eine klassische private Rentenversicherung entschieden. Er zahlt 100€ pro Monat in die Versicherung ein.

Die Vertragslaufzeit beträgt 32 Jahre und endet am 67. Geburtstag von Max. Die Versicherung legt die Beiträge von Max ausschließlich in sichere Staats- und Unternehmensanleihen an und erreicht in den folgenden 32 Jahren, eine durchschnittliche Nettobeitragsrendite von 2,5% pro Jahr. Max hat als Rentner einen Einkommenssteuersatz von 15%, der allerdings in diesem Fall, nur auf 18% der Rente erhoben wird. Sozialversicherungsbeiträge entfallen bei einer privaten Rentenversicherung. Beiträge und Inflation bewegen sich im Gleichschritt mit 1,5% pro Jahr.

Tabelle 17: Private Rentenversicherung

Produkt	private Rentenversicherung
Sparrate pro Monat in €	100
Laufzeit in Jahren	32
Mögliches Kapital in €	57.780
Lebenserwartung in Jahren	90
Bruttorente in €	**209**
Steueranteil in %	18
Steuersatz in %	15
Steuerabzug in €	6
Nettorente in € (heutige Kaufkraft)	**204**

Max erzielt eine Nettorente in Höhe von 204€ pro Monat. Was sich in etwa mit den erzielbaren Einkommen aus den Förderrenten deckt. Nur in diesem

Fall, muss Max den monatlichen Beitrag von 100€ komplett alleine schultern, weil er keine staatlichen Zulagen erhält. Demnach ist die private Rentenversicherung keine Option für Max, da er mit allen Förderrenten besser fährt.

Was können wir festhalten?

Die private Rentenversicherung ist neben den drei Förderrenten und der Kapitallebensversicherung, eine fünfte Möglichkeit, um Dir ein Zusatzeinkommen für Deinen Ruhestand aufzubauen. Das Beispiel beruht auf realistischen Annahmen. Es gibt in der Praxis aber durchaus günstigere und teurere Verträge. Damit Du eine gute Nettorendite erreichen kannst, solltest Du vor allem auf die Kosten achten und verschiedene Produkte vergleichen. Aufgrund der fehlenden staatlichen Förderung bei privaten Rentenversicherungen, bist Du mit einer Förderente tendenziell besser beraten. Die geringere Steuerbelastung der privaten Rentenversicherungen ist zwar gut, kann aber den Nachteil der fehlenden Förderung in der Ansparphase nicht aufholen. Grundsätzlich sind eine private Rentenversicherung und eine Lebensversicherung vergleichbar. Sie unterscheiden sich lediglich in der Besteuerung. Eine Kapitallebensversicherung kann am Ende der Laufzeit in eine private Rentenversicherung umgewandelt werden. Dann fallen aber zweimal Steuern an. Einmal auf den Gewinn der Kapitallebensversicherung und dann noch einmal bei der Auszahlung der Renten. Bei einer privaten

Rentenversicherung hast Du am Ende der Laufzeit ein Wahlrecht, zwischen einer Kapitalabfindung und einer Rente. Dann werden nur Steuern auf den Gewinn fällig. Das Kapital bekommst Du dann komplett ausgezahlt. Schauen wir uns jetzt die Risikoversicherungen an, die meiner Meinung nach, zwingend zu einer perfekten Altersvorsorge dazugehören. Bevor wir zur Berufsunfähigkeitsversicherung kommen, sprechen wir zu Beginn über die Risikolebensversicherung.

4.4 Risikolebensversicherung

Eine Risikolebensversicherung zählt, wie der Name es vorwegnimmt, zu den Risikoversicherungen. Diese Form der Versicherung funktioniert anders als eine Kapitallebensversicherung. Die Risikolebensversicherung bietet den Hinterbliebenen eine finanzielle Sicherheit für den Todesfall der versicherten Person. Bei einer Kapitallebensversicherung, werden Deine Hinterbliebenen zwar auch berücksichtigt, aber in einem vergleichsweise kleineren Umfang. Denn, wir erinnern uns, die Auszahlung ist hier auf Dein Kapital beschränkt. Dazu kommen wir auf den nächsten Seiten in ausführlicherer Form. In einer klassischen Familie, mit Mutter, Vater und zwei Kindern, wäre der Tod einer der beiden Elternteile ein schwerer emotionaler Verlust für die Familie. Der andere Elternteil wäre von nun an alleinerziehend und könnte neben der Kinderbetreuung, mit Sicherheit kein volles Einkommen erreichen. Doch muss die Miete oder die Kreditrate weiterhin bezahlt werden. Auch die Haushaltskosten sinken nicht mit vermindertem Einkommen. Neben dem sehr großen und emotionalen Schaden, hätte die Familie zudem einen gewaltigen finanziellen Schaden. Mit einer Risikolebensversicherung versichert eine Person die Hinterbliebenen, gegen ein existenzbedrohendes Risiko ab. So eine Versicherung ist ein absolutes Muss für alle Personen, deren Angehörige einen enormen finanziellen Verlust erleiden würden.

Wie funktioniert eine Risikolebensversicherung?

Bei dieser Variante der Lebensversicherung, vereinbarst Du eine feste Versicherungssumme und einen Versicherungszeitraum. Da die Versicherung nur den Todesfall, aber nicht den Erlebensfall absichert, ist eine Risikolebensversicherung schon für verhältnismäßig kleine monatliche Raten zu bekommen. Besonders eignen sich Risikolebensversicherungen für Familien. Die finanzielle Belastung ist in diesen Fällen besonders hoch, wenn einer der beiden Partner stirbt und der andere mit den Kindern zurückbleibt.

Wie hoch sollte die Versicherungssumme sein?

Die Höhe der Versicherungssumme bestimmt sich durch Deine persönlichen Lebensumstände. Du musst Dir die Frage stellen, wie viel Geld Deine Familie benötigen wird, um in Deinem Todesfall ausreichend versorgt zu sein. In den allermeisten Fällen dürfte sich diese Summe aus dem persönlichen Einkommen und der Restschuld des Hauskredits zusammensetzen. Wenn Du Kinder hast, dann sollte die Versicherungssumme größer sein. Die Versicherungen raten dazu, mindestens das Dreifache Deines Jahreseinkommens abzusichern.

Ein Beispiel, wie eine Absicherung mit einer Risikolebensversicherung aussehen kann.

Stellen wir uns das folgende Szenario vor. Max und seine Frau haben zwei Kinder. Zusätzlich ist noch ein Immobilienkredit in Höhe von 200.000€ abzuzahlen. Würde einer der beiden Partner sterben, dann hätte der andere nicht nur einen schweren emotionalen Schaden, sondern auch noch einen enormen finanziellen Schaden. Max und seine Frau entschließen sich dazu, dieses Risiko abzusichern. Sie befolgen den Rat der Versicherung und sichern den Kredit und das dreifache Jahresgehalt von Max ab.

Tabelle 18: Risikolebensversicherung

Produkt	Risikolebensversicherung
Immobilienkredit in €	200.000
dreifaches Jahresgehalt in €	108.000
Versicherungssumme in € (heutige Kaufkraft)	**308.000**
Beitrag pro Monat in €	40

Eine Risikolebensversicherung in Höhe von 308.000€ kostet Max ungefähr 40€ monatlich. (Diesen Wert kannst Du nicht berechnen. Ich habe den Mittelwert einer Onlinerecherche genommen.) Sollte Max vorzeitig sterben, würde seiner Frau die komplette Versicherungssumme von 308.000€ sofort ausgezahlt werden. Und das unabhängig davon, ob Max nur einen Tag, eine Woche oder ein Jahr in die Risikolebensversicherung eingezahlt hat. Zum Vergleich: Bei einer Kapitallebensversicherung würde der Auszahlungsbetrag, beim Beispiel von Max, im Rahmen von 25.000 – 50.000€ liegen, je nach vereinbarter Todesfallleistung. Es ist empfehlenswert, dass sich beide Lebenspartner gegenseitig absichern und nicht etwa nur der Hauptverdiener der Familie eine Versicherung abschließt. In diesem Fall würde die Frau von Max die identische Versicherung abschließen. Das kostet dann logischerweise etwas mehr.

Was können wir festhalten?

Risikolebensversicherungen bieten Dir die Möglichkeit, Deinen Partner und Deine Familie, mit kleinen monatlichen Beiträgen, gegen große finanzielle Risiken abzusichern. Wenn Du jedoch Single bist, keine Kinder und keine Schulden hast und im Falle Deines vorzeitigen Todes, keine finanziellen Schwierigkeiten auf Angehörige zukommen, dann benötigst Du selbstverständlich keine Risikolebensversicherung.

Neben der Risikolebensversicherung gibt es noch eine weitere Form der Risikoversicherung, die ich Dir auf jeden Fall empfehle. Die Berufsunfähigkeitsversicherung.

4.5 Berufsunfähigkeitsversicherung (BUV)

Eine Berufsunfähigkeitsversicherung zählt, wie die Risikolebensversicherung, zu den Risikoversicherungen.

Was die Risikolebensversicherung für den Todesfall ist, das ist die Berufsunfähigkeitsversicherung für den Fall, dass Du aus gesundheitlichen Gründen für längere Zeit oder für sogar den Rest Deines Lebens, kein Einkommen mehr erzielen kannst. Du versicherst mit einer Berufsunfähigkeitsversicherung also Deine Arbeitskraft und damit ein existenzbedrohendes Risiko für Dich und für Deine Familie. Ein großer Irrtum bei dieser Versicherung besteht darin, dass etwa Handwerker ein höheres Risiko einer Berufsunfähigkeit haben als Büroangestellte. Das würde bedeuten, dass Letztere, im Gegensatz zu den Handwerkern, deshalb auf eine Berufsunfähigkeitsversicherung verzichten können.

Doch das ist eine Fehleinschätzung, die fatale Folgen haben kann.

Die Hauptgründe für eine Berufsunfähigkeit sind:

- Psychische Erkrankungen
- Rücken-, Muskel- und Gelenkschäden
- Herz-, Gefäß- und Kreislauferkrankungen
- Unfälle mit körperlichen Schäden
- Krebs

Es kann also jeden Arbeitnehmer treffen. Der Beruf spielt zwar eine Rolle, es gibt aber sehr viele Erkrankungen, die nicht von Deinem Beruf abhängen und Dich jederzeit treffen können. Der zweite, nicht weniger große Irrtum ist, dass Du glaubst, im Falle einer Berufsunfähigkeit, von einem staatlichen Netz aufgefangen zu werden, dass Dich finanziell versorgt.

Fakt ist aber: Ohne eine Berufsunfähigkeitsversicherung würdest Du, im Falle einer anhaltenden Erkrankung, tatsächlich nur ein sehr geringes Einkommen aus einer Erwerbsminderungsrente beziehen. Du kannst in etwa mit 15-30% Deines letzten Nettogehalts rechnen. Je nach amtsärztlich bescheinigter Einschränkung. Bescheinigt der Arzt nur eine fünfzigprozentige Unfähigkeit, dann würdest Du nur 15% Erwerbsminderungsrente erhalten. Voraussetzung ist allerdings, dass Du in den vergangenen drei Jahren und insgesamt mindestens fünf Jahre, in die gesetzliche

Rentenversicherung eingezahlt hast.

Ansonsten bekommst Du tatsächlich kein Geld. Deine alltäglichen Ausgaben, wie Miete, Energie, Lebensmittel, Hobbys etc., würdest Du von einem auf den anderen Monat nicht mehr decken können. Bist Du noch jung und hast vielleicht Kinder, dann wäre ein Ausfall Deiner Arbeitskraft umso dramatischer. Daher ist eine Versicherung gegen die eigene Berufsunfähigkeit, ein absolutes Muss für jede erwerbstätige Person.

Wie funktioniert eine Berufsunfähigkeitsversicherung?

Wie bei der Risikolebensversicherung auch, ist eine Berufsunfähigkeitsversicherung keine kapitalbildende Versicherung. Daraus resultiert, dass Du die Leistungen aus dieser Versicherung, nur im Falle des Schadenseintritts bekommst. Du gibst bei Vertragsabschluss an, wie hoch Deine monatliche Erwerbsunfähigkeitsrente sein soll. Außerdem kannst Du im Vorhinein angeben, bis zu welchem Lebensalter die Versicherung greifen soll.

Da Du mit großer Sicherheit eine Erwerbsminderungsrente vom Staat bekommst, musst Du bei der Berufsunfähigkeitsversicherung nicht Dein komplettes Nettogehalt absichern. Wer das trotzdem möchte, kann das natürlich machen.

In welchen Fällen erhältst Du Geld aus der BUV?

Im Sinne der Berufsunfähigkeitsversicherung giltst Du als berufsunfähig, wenn ein „normaler" Arzt Dir bescheinigt, dass Du Deinen zuletzt ausgeübten Beruf, für einen Zeitraum von mehr als 6 Monaten, nicht zu mehr als 50% ausführen kannst. In dem Fall bekommst Du monatlich die vereinbarte Berufsunfähigkeitsrente ausgezahlt.

Wie wird eine Berufsunfähigkeitsrente besteuert?

Das ist ein interessanter Punkt. Die steuerliche Behandlung einer Berufsunfähigkeitsrente, bemisst sich nach der Art der Versicherung. Grundsätzlich gibt es die Möglichkeit, eine BUV mit anderen Rentenversicherungen zu kombinieren oder eine eigenständige BUV abzuschließen. Ist die BUV, z. B. mit einer Rürup Rente kombiniert, dann wird Deine Rente voll mit Deinem persönlichen Steuersatz besteuert. Ist Deine BUV, z. B. mit einer Betriebsrente kombiniert, dann ist nicht nur der volle Steuersatz, sondern auch noch der volle Kranken- und Pflegeversicherungssatz fällig. Hast Du allerdings eine eigenständige BUV abgeschlossen, dass musst Du nur einen Teil der Rente versteuern. Wie hoch der steuerpflichtige Anteil ist, richtet sich nach Deinem Alter. Wirst Du im Alter von z. B. 35 Jahren berufsunfähig, dann werden nur 35% Deiner Berufsunfähigkeitsrente besteuert. Bist Du zum Zeitpunkt Deiner Berufsunfähigkeit bereits 50 Jahre alt, dann werden nur noch 18% Deiner Rente besteuert. Das ist ein enormer Vorteil gegenüber den Kombi-Produkten, von denen ich daher abrate.

Ein Beispiel, wie eine Absicherung mit einer Berufsunfähigkeitsversicherung aussehen kann.

Ich habe online etwas recherchiert und habe folgende, durchschnittliche Beiträge ermittelt, wenn Max, im Falle einer anhaltenden Erkrankung, 80% seines Nettogehalts als Berufsunfähigkeitsrente erhalten möchten. Bitte beachte, dass es Mittelwerte sind und Du je nach Beruf und persönlichen Merkmalen (z. B. Raucher: ja/nein) auch etwas abweichende Werte haben kannst. Max soll bis zu seinem 67. Geburtstag abgesichert sein. Er schließt eine selbstständige Berufsunfähigkeitsrente ab. Sollte er die Versicherung tatsächlich eines Tages in Anspruch nehmen müssen, dann würde er zwei Renten bekommen. Die staatliche Erwerbsminderungsrente und seine private Berufsunfähigkeitsrente.

Tabelle 19: Berufsunfähigkeitsversicherung

Produkt	BUV Rente
Nettogehalt heute in €	1.916
Leistung aus der BUV in €	**1.533**
Beitrag monatlich in €	60

Um 80% seines Nettoeinkommens mit einer Berufsunfähigkeitsrente abzudecken, muss Max einen monatlichen Beitrag von ungefähr 60€ in die Versicherung einzahlen. Wie gesagt, es handelt sich um Mittelwerte. Es gibt günstigere, aber auch teurere Versicherungen. Zudem wird noch ein Teil seiner Rente besteuert.

Was bedeutet das für Max?

Da Max keine Frau und keine Kinder hat, benötigt er keine Risikolebensversicherung. Das Beispiel diente nur der Anschauung. Aber auf die Berufsunfähigkeitsversicherung kann Max nicht verzichten. Zu den 200€, die er monatlich in die drei Förderrenten einzahlt und den 100€ für die Kapitallebensversicherung, kommen jetzt noch 60€ pro Monat für eine Berufsunfähigkeitsrente hinzu. Die monatliche Sparrate schwillt auf 360€ an. Bei seinem Nettogehalt von 1.916€, sind das schon knapp 19%, die Max nur für seine Altersvorsorge ausgeben muss.

Was bedeutet das für Dich?

Max ist 35 Jahre alt und verdient 3.000€ pro Monat. Wenn Du weniger verdienst, dann wird Deine Rentenlücke auch kleiner sein. Wenn Du mehr verdienst, dann wird Deine Rentenlücke größer sein. Grundsätzlich können wir aus dem Beispiel von Max ablesen, dass jeder von uns ungefähr 20% seines Nettogehalts in verschiedene Versicherungen einzahlen muss, um eine sehr gute Absicherung für den Ruhestand zu realisieren.

Ich weiß nicht, wie es Dir geht, wenn Du diese Zahlen

liest. Für mich ist es jedenfalls völlig unrealistisch, dass ich 20% meines Nettogehalts in Altersvorsorgeversicherungen einzahlen soll. Für sehr viele Menschen, die ich kenne, ist das ebenfalls nicht möglich. Wenn Max keine fiktive Person wäre, dann würde er sicherlich auch rebellieren.

4.6 Fazit Lebensversicherungen

Zum Abschluss dieses Kapitels möchte ich Dir eine kleine Zusammenfassung geben. In diesem Kapitel haben wir die zwei verschiedenen Formen der Lebensversicherungen kennengelernt. Es gibt kapitalbildende und Risikoversicherungen.

Die kapitalbildenden Lebensversicherungen stellen, in den beiden Varianten, sowohl Lebensversicherung als auch Rentenversicherung, neben den Förderrenten, zwei weitere Möglichkeiten dar, um Dir eine Zusatzrente für Deinen Ruhestand aufzubauen.

Im Gegensatz zu den Förderrenten, beteiligen sich aber weder der Staat, noch Dein Arbeitgeber an Deinem Kapitalaufbau.

Eine klassische Kapitallebensversicherung ist so aufgebaut, dass Du Dein Kapital am Ende der Vertragslaufzeit auf einen Schlag ausgezahlt bekommst.

Eine private Rentenversicherung hingegen, zerlegt Dein Kapital in lebenslange monatliche Rentenzahlungen.

Außerdem haben wir in diesem Kapitel noch die Risikoversicherungen behandelt. Wir haben die Risikolebensversicherung und die Berufsunfähigkeitsversicherung kennengelernt. Beide Versicherungen dienen nicht zum Kapitalaufbau. Diese Formen der Lebensversicherung, sichern Dich und Deine Familie für den Fall Deines Ablebens oder Deiner Berufsunfähigkeit ab. Beide Versicherungen sind, je nach Deiner persönlichen und familiären Situation, extrem wichtig. Eine Berufsunfähigkeitsversicherung ist allerdings ein absolutes Muss für jede erwerbstätige Person ist.

Am Ende dieses Kapitels, haben wir festgestellt, dass wir fast 20% unseres Nettogehalts aufwenden müssen, um eine perfekte Altersvorsorge aufzubauen. Das wir mit weitaus geringeren Aufwendungen, höhere Renditen erzielen können, zeige ich Dir im nächsten Kapitel.

5. Altersvorsorge in Eigenregie

5.1 Vorüberlegung

Aus den vorangegangenen Kapiteln wissen wir, dass die gesetzliche Rente vielleicht nur für die Grundsicherung im Alter ausreichen wird und das wir daher dringend privat vorsorgen müssen. Ich habe Dir verdeutlicht, dass die Risikolebensversicherung und die Berufsunfähigkeitsversicherung, unverzichtbare Versicherungen gegen existenzbedrohende Risiken, wie ein vorzeitiges Ableben oder eine andauernde Berufsunfähigkeit sind. Diese beiden Produkte möchte ich nicht weiter zur Diskussion stellen, da diese aus meiner Sicht ein Muss für Dich sind. Solltest Du Single sein und noch keine Kinder haben, dann kannst Du derzeit auf eine Risikolebensversicherung verzichten. Außerdem haben wir die kapitalbildenden Renten und Versicherungen kennengelernt. Ich habe Dir gezeigt, welche Möglichkeiten Du für Deine Altersvorsorge hast.

Zusammengefasst sind das:

- Betriebliche Altersvorsorge
- Riester Rente
- Rürup Rente
- Kapitallebensversicherung
- Private Rentenversicherung

Da Deine gesetzliche Altersrente nicht ausreichen wird, um Deinen aktuellen Lebensstandard auch im Ruhestand zu halten, kannst Du Dich mit diesen Vorsorgeprodukten gegen Altersarmut absichern und so einen würdigen Ruhestand verbringen.

Denn diese Produkte sind mit einer Kapitalgarantie ausgestattet. Wir bekommen eine Garantie von der Versicherung oder Bank, dass wir im Rentenalter, mindestens das von uns eingezahlte Kapital, zuzüglich der erhaltenen Zulagen, zurückbekommen. Das hat zur Folge, dass die Versicherungen oder Banken unser Geld nur in sichere Anlageklassen anlegen.

Allerdings investieren wir mit unseren monatlichen Beiträgen zu diesen Produkten nicht nur in uns selber, sondern bezahlen auch immer noch mindestens eine weitere Person, z. B. den Versicherungsvertreter, die Bank, den Fondsmanager, den Anlageberater, um nur einige zu nennen. Es ist völlig logisch, dass eine Versicherung oder Bank, neben den eigenen Kosten für Vertrieb und Verwaltung, auch noch Gewinne erwirtschaften möchte.

Wir haben bei allen, bisher behandelten Altersvorsorgeprodukten, also immer zwei Kritikpunkte identifiziert. Beide Punkte zusammen, führen zu einer geringen Rendite von ungefähr 2,5% durchschnittlich pro Jahr.

Diese Kritikpunkte sind:

1. Unser Geld wird zu sicher angelegt
2. Mindestens eine zweite oder dritte Person verdient mit

An den vorangegangenen Beispielen haben wir gesehen, dass Max ungefähr 20% des Nettogehalts, für die Altersvorsorge aufbringen muss. Um seine Vorsorgelücke von 600€ monatlich zu schließen und zusätzlich noch ein Kapital in Höhe von 50.000€ bis zu seinem 67. Geburtstag aufzubauen, muss Max insgesamt Beiträge in Höhe von 360€ pro Monat, in fünf verschiedene Vorsorgeprodukte investieren.

Zusammenfassend müssen wir feststellen: Wenn wir unsere Altersvorsorge nur mit den gängigen, bereits behandelten Produkten bestreiten wollen, dann wird das sehr teuer. An dieser Stelle soll dieses Kapitel über die Altersvorsorge in Eigenregie anknüpfen. Die Grundüberlegung ist Folgende:

Nehmen wir an, es würde bei Deiner privaten Altersvorsorge keine Versicherungen, Banken oder Fondsmanager geben. Du würdest einen großen Teil der anfallenden Kosten einsparen. Würdest Du außerdem auf die Kapitalgarantie verzichten und Deine monatlichen Beiträge risikoreicher anlegen, dann könntest Du eine deutlich höhere Rendite erzielen. Die Kombination aus geringeren Kosten, verbunden mit einer höheren Rendite, führt im Endeffekt zu niedrigeren monatlichen Beiträgen, bei gleichbleibender Leistung.

Was bedeutet das für Max und seine Altersvorsorge?

Max muss also kein Stück von seinen finanziellen Vorstellungen abrücken. Er will als Rentner weiterhin über 600€ monatliche Zusatzernte und ein Kapital in Höhe von mindestens 50.000€ verfügen.

In diesem Kapital werden wir erarbeiten, wie auch Du Deine Rentenlücke, mit möglichst geringen monatlichen Beiträgen, schließen kannst.

Dafür werde ich erneut ein wenig weiter ausholen, um Dir ein möglichst vollständiges Bild zu zeigen. Wir gehen, wie auch in den anderen Kapiteln, Schritt für Schritt vor. Zuerst werden wir noch einmal kurz wiederholen, welche Anlageklassen Dir für Deinen Vermögensaufbau in Eigenregie zur Verfügung stehen.

Danach werde ich Dir die Börse vorstellen, welche im Grunde nichts anderes, als der Handelsplatz für die verschiedenen Anlageprodukte ist. Im Anschluss daran, werden wir uns konkret ansehen, wie Du eigenmächtig, d. h. auf eigenen Namen und Verantwortung, in die verschiedenen Anlageklassen an der Börse investieren kannst.

Natürlich schicken wir wieder Max ins Rennen, damit das Ganze an einem Beispiel verdeutlicht wird.

Legen wir los.

5.2 Anlageklassen

Wir haben in Teil Zwei kurz darüber gesprochen, welche Anlageklassen die Banken, Versicherungen und Investmentgesellschaften benutzen, um Dein Kapital gewinnbringend anzulegen. Wir haben besprochen, dass die gängigen Altersvorsorgeprodukte alle eine Kapitalgarantie vorsehen.

Die verschiedenen Finanzinstitute, müssen Dir mindestens Deine Einzahlung, zuzüglich staatlicher oder betrieblicher Zulagen, garantieren. Das bedeutet, dass Dein Kapital fast ausschließlich in sehr sichere Anlageklassen angelegt wird. Diese Kapitalgarantie ist auf den ersten Blick also etwas Positives. Sieht man genauer hin, bringt dieses defensive Anlageverhalten allerdings auch keine hohe Rendite.

Wir erinnern uns kurz an den Zinseszinseffekt. Das folgende Beispiel beruht auf der Annahme, dass Du jeden Monat 100€ in ein Vorsorgeprodukt einzahlst.

Grafik 4: Zinseszins

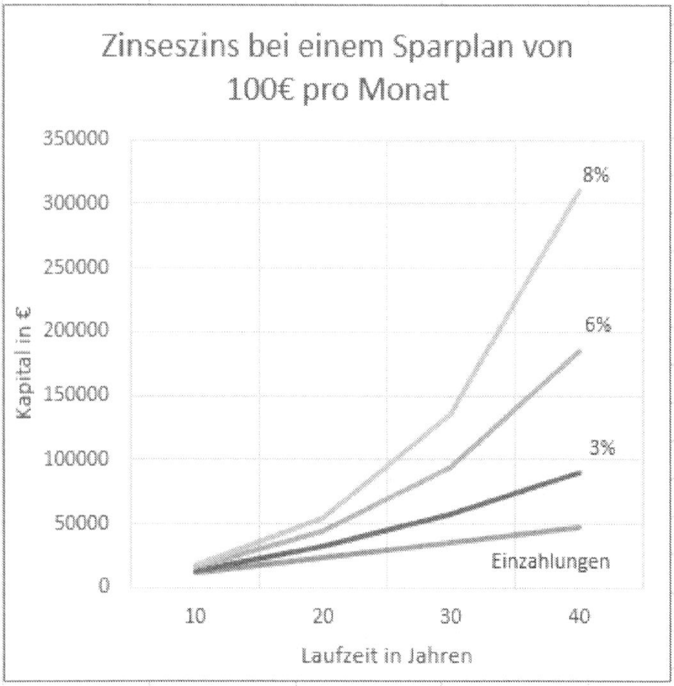

Die untere Linie zeigt Deine Einzahlungen. Da diese monatlich gleich hoch sind, verläuft der Graph linear steigend.

Die zweite Linie von unten zeigt, wie sich Dein Kapital bei einer Verzinsung von 3% entwickelt. Dieser Graph verläuft als Kurve, weil wir durch den Zinseszins ein nicht lineares Wachstum erreichen. Die Kurve steigt sehr langsam, sodass nach 40 Jahren „nur" eine Verdopplung Deines Kapitals stattfindet. Diese Kurve spiegelt ungefähr die Wertentwicklung, aller bisher behandelten kapitalbildenden Renten- und Versicherungen wieder. Einzige Ausnahme stellt hier die Betriebsrente mit Arbeitgeberzuschuss dar, die eine Beitragsrendite von ungefähr 6% erreicht.

Die beiden oberen Graphen beschreiben eine Wertentwicklung von 6% bzw. 8% pro Jahr. Du kannst leicht erkennen, dass Dein Kapital, trotz gleicher monatlicher Rate von 100€, viel stärker und damit schneller wächst. Die Kurven verlaufen, je länger der Zinseszins wirken kann, immer steiler nach oben.

Für die Altersvorsorge ist dieser Effekt von herausragender Bedeutung. Denn, wenn es Dir gelingt, Dein Kapital mit durchschnittlich 6% oder 8% Nettorendite pro Jahr anzulegen, dann hast Du in 20, 30 oder 40 Jahren deutlich mehr Kapital zur Verfügung, als es bei den gängigen Produkten, z. B. der Riester Rente oder der Lebensversicherung, für Deine Altersvorsorge der Fall wäre. Damit Du eine Rendite von 6% bis 8% pro Jahr (oder mehr) erreichen kannst, muss Dein Kapital also mit mehr Risiko angelegt werden. Denn eine höhere Rendite, gibt es nur im Tausch gegen ein höheres Risiko.

Warum die gängigen Altersvorsorgeprodukte keine Nettorendite von 6% bis 8% pro Jahr erreichen, liegt auf der Hand. Dein Geld wird zu 80% bis 90% in sichere Staatsanleihen angelegt. Diese Anlageformen sind sicher, bringen aber keine hohen Renditen. Besonders in der aktuellen Niedrigzinsphase, ist es für die Versicherungen oder Banken sehr schwer eine ordentliche Rendite zu erzielen.

Auf den folgenden Seiten zeige ich Dir, wie Du die Kapitalgarantie und die Kosten für die Versicherung oder Bank ausschalten kannst. Alles, was Du dafür benötigst, ist ein Depot bei einer Direktbank und etwas Wissen über Aktien, Aktienfonds und ETFs.

Fangen wir an.

5.3 Börse und Broker

Bevor wir uns in Deine Altersvorsorge in Eigenregie stürzen können, müssen wir zunächst klären, was die Börse ist und warum Du Dein Geld an der Börse anlegen solltest.

Am einfachsten kann ich Dir die Börse erklären, wenn Du Dir den Wochenmarkt in Deiner Stadt vorstellst. Die Leute kaufen dort Obst, Gemüse, Käse, Fisch und Fleisch. Sie tauschen ihr Geld gegen die Ware. Der Preis der Ware, richtet sich dabei immer nach dem Angebot und der Nachfrage. Wenn ein Händler die besten Äpfel auf dem Markt anbietet, dann kann er dafür einen hohen Preis verlangen und wird seine Äpfel trotzdem verkaufen. Der Händler mit den schlechtesten Äpfeln wird diese zu einem günstigeren Preis anbieten müssen, um diese überhaupt verkaufen zu können.

Grundsätzlich gilt: Je höher die Qualität der Ware ist, desto höher steigt der Preis für diese Ware. Die Börse funktioniert, wie ein solcher Marktplatz. Allerdings kaufen die Leute an der Börse kein Obst und Gemüse, sondern Aktien und Anleihen.

Früher war die Börse noch ein richtiger Marktplatz, aber das ist in der heutigen Zeit nicht mehr nötig.

Die Leute tauschen also nicht länger physisch ihr Geld gegen Aktien und Anleihen, da die Börse mittlerweile ein digitaler Marktplatz geworden ist.

Damit wir an der Börse als Käufer oder Verkäufer von diesen digitalen Produkten auftreten können, benötigen wir einen Broker. Ein Broker ist ein Vermittler, über den wir unsere Kauf- oder Verkaufsabsicht an der Börse kommunizieren können. Stelle Dir dazu eine ältere Dame vor, die ihren Enkel zum Einkaufen auf den Wochenmarkt schickt. Die ältere Dame kann nicht mehr gut gehen und ihr Enkel erledigt diese Aufgabe daher gerne für sie. Schließlich bekommt er eine Tafel Schokolade als Belohnung. Der Enkel übernimmt im Grunde die Rolle des Brokers.

Da Du nicht alleine zur Börse gehen kannst, benötigst Du, wie die alte Dame auch, zwingend einen Mittelsmann. Den Broker. Am geeignetsten sind sogenannte Direktbanken oder Onlinebanken. Diese sind meist beides, Broker und Bank.

Wenn Du Deine Altersvorsorge in Eigenregie durchführen möchtest, dass benötigst Du ein Depot bei so einer Direktbank. Ein Depot ist eine Art Sparbuch für

Aktien und Anleihen.

Mein Tipp:

Eröffne ein Depot bei einer Internetbank. Internetbanken haben den Vorteil, dass diese aufgrund fehlender physischer Präsenz (keine Filialen, geringe Lohnkosten), wesentlich günstiger sind als die örtlichen Sparkassen oder Volksbanken. Das liegt in der Natur der Sache. In den meisten Fällen, sind Aktiendepots und Girokonten gratis. Dennoch unterliegen Internetbanken den gleichen Normen und Gesetzen, wie alle anderen Banken auch. Wenn Du ein Depot bei einer Direktbank eröffnet hast, dann ist die Grundvoraussetzung für Deine Altersvorsorge in Eigenregie geschaffen. Nun stellt sich die Frage, welche Produkte Du an der Börse kaufen und 20, 30 oder 40 Jahre lang in Dein Depot legen sollst. Bevor ich Dir diese Frage beantworte, müssen wir zunächst noch über bestimmte Zusammenhänge an der Börse sprechen.

Wir beginnen mit dem Aktienindex (Mehrzahl Aktienindizes).

5.4 Aktienindex (Aktienindizes)

Ein Aktienindex umfasst immer einen Markt oder eine Branche. Aktienindizes bestehen, wie Aktienfonds, aus mehreren Aktien mit dem Unterschied, dass ein Aktienindex nur ein fiktiver Wert ist. Aktienindizes werden gebildet, um die aktuelle Lage an der Börse anzuzeigen. Für jeden Index gibt es eine genau festgelegte Anzahl von Aktien, die darin enthalten sind. In dem deutschen Aktienindex DAX, sind z. B. die 30 größten deutschen Aktiengesellschaften gelistet. Dabei entsteht ein Kurs, der anzeigt, wie viel die Aktien in diesem Index aktuell wert sind. Stell Dir noch einmal den Markt in Deiner Stadt vor. Jetzt stell Dir vor, das Rathaus würde jeden Morgen, jeden Mittag und jeden Abend einen Marktindex, in Papierform, herausgeben. Diese Papierliste (Index), summiert alle auf dem Markt erhältlichen Artikel und bildet den gesamten Preis ab. So könnte es sein, dass der Index an einem Tag 10.000€ ausgibt, an einem anderen Tag 8.000€ und an einem weiteren Tag 12.000€. Die Leute könnten immer sehen, wie hoch der gesamte Marktpreis aller angebotenen Waren aktuell ist, ohne jedoch genau zu wissen, was ein spezielles Produkt kostet. Ein hoher DAX-Wert ist also ein Indikator dafür, dass es der deutschen Volkswirtschaft gut geht. Die im DAX enthaltenen Aktien sind dann hoch bewertet. Ein niedriger DAX-Wert, gilt als Zeichen von volkswirtschaftlichen Problemen. Die Aktien sind dann niedriger bewerten und günstiger zu erwerben. Es werden an den weltweiten Börsen, viele

Aktienindizes gebildet und täglich aktualisiert. Wer einen tagesaktuellen Kurs haben möchte, der schaut die Nachrichtensendung oder liest den Wirtschaftsteil einer Tageszeitung. Wer stündlich den aktuellen Kurs haben will, der guckt einfach im Internet. In der nachfolgenden Tabelle habe ich einige Aktienindizes für Dich aufgelistet. Einige Namen kommen Dir bestimmt bekannt vor.

Tabelle 20: Aktienindizes

Aktienindex	Land	Anzahl Unternehmen	Anzahl Länder
DAX	Deutschland	30	1
EuroStoxx50	Eurozone	50	8
S&P500	USA	500	1
Dow Jones	USA	30	1
Nikkei225	Japan	225	1
CAC40	Frankreich	40	1
FTSE100	UK	100	3
SMI	Schweiz	20	1
MSCI World	Welt	1645	23
MSCI Emerging Markets	Welt	838	23

Im Rahmen einer möglichst einfachen aber sinnvollen Altersvorsorge, wollen wir uns im Folgenden ausschließlich um die beiden unteren Aktienindizes kümmern. Es handelt sich dabei zum einen, um den Aktienindex MSCI World, der die Entwicklung der Weltwirtschaft, anhand von 1645 Unternehmen, aus 23 Industrienationen der Welt, wiedergibt. Taktgeber im MSCI World Index sind die USA mit 630 Unternehmen, Europa mit 447 Unternehmen (davon 58 aus Deutschland) und Japan mit 319 Unternehmen. 94 Unternehmen aus Kanada, 71 Unternehmen aus Australien und 45 Unternehmen aus Hongkong sind ebenfalls vertreten. Einzelne Unternehmen aus Singapur, Israel und Neuseeland vervollständigen die Liste. Diese Zusammensetzung ist aber nicht starr. Der MSCI World Index wird quartalsweise neu berechnet. Die Zusammensetzung richtet sich nach der Marktkapitalisierung, sprich dem Börsenwert der Unternehmen. Unter den größten Unternehmen im MSCI World Index befinden sich klangvolle Namen wie, Apple, Microsoft, Amazon und Facebook. Zum anderen handelt es sich um den MSCI Emerging Markets Index, der die Entwicklung der Weltwirtschaft, anhand von 23 Schwellenländern, wiedergibt. Taktgeber sind Unternehmen aus China mit einem Anteil von ungefähr 26%, Südkorea (15%) und Taiwan (12%). Die Unternehmen aus diesen drei Ländern, machen mehr als die Hälfte des MSCI Emerging Markets Index aus. Weitere Unternehmen kommen aus Indien (9%), Brasilien (8%), Südafrika (7%), Russland und Mexiko mit einem Anteil von jeweils 4%. Der MSCI Emerging Markets Index wird ebenfalls quartalsweise, anhand der

Börsenwerte, neu berechnet. Unter den größten Unternehmen im MSCI Emerging Markets Index zählen, Samsung Electronics und die Alibaba Group. Um nur die beiden Bekanntesten zu nennen. Grundsätzlich können wir festhalten:

Es existieren zwei Aktienindizes, die zusammen 2.483 Aktien (Unternehmen), aus 46 verschiedenen Ländern, enthalten. Damit repräsentieren diese beiden Aktienindizes, ungefähr den aktuellen Wert, aller Aktien weltweit.In der folgenden Tabelle zeige ich Dir, wie sich die oben genannten Indizes, bis heute entwickelt haben.

Tabelle 21: Wertentwicklung der Indizes

Aktienindex	Land	Wertzuwachs	Seit
DAX	Deutschland	8,75%	1959
EuroStoxx50	Eurozone	6,77%	1986
S&P500	USA	8,92%	1950
Dow Jones	USA	7,65%	1897
Nikkei225	Japan	5,00%	1984
CAC40	Frankreich	6,35%	1989
FTSE100	UK	6,64%	1984
SMI	Schweiz	9,31%	1990
MSCI World	Welt	7,83%	1969
MSCI Emerging Markets	Welt	14,64%	2002

Durchschnittlich erreichen diese Aktienindizes, eine Wertentwicklung von ungefähr 8% pro Jahr. Dabei laufen Aktienkurse nicht einfach steil nach oben, wie in der Grafik vom Zinseszins. Aktienkurse verlaufen in Zickzack Mustern. Mal geht es hoch, mal geht es runter.

Bei langfristiger Betrachtung geht es aber hoch. Untenstehend der Kursverlauf des MSCI World Aktienindex.

Grafik 5: Kursverlauf MSCI World 1995 - 2015

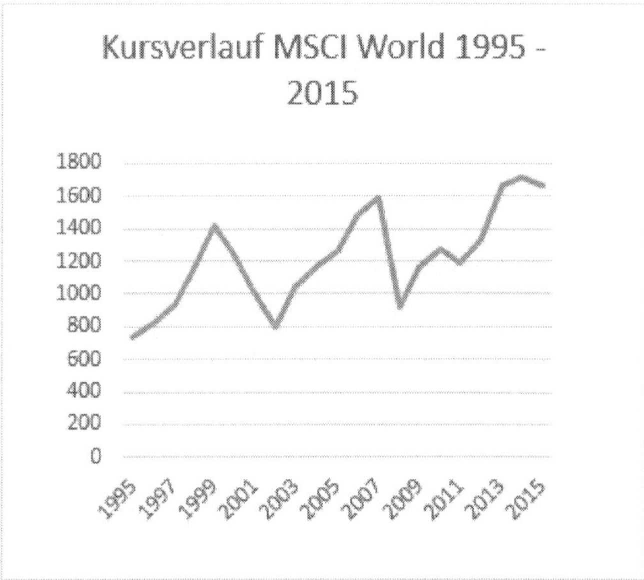

An diesem Beispiel kannst Du das Auf und Ab gut erkennen. Der Wert steigt nicht jedes Jahr linear um 8%. Zwischendurch gibt es große Wirtschaftskrisen, wie z. B. die Finanzkrise im Jahr 2008, als die Aktienmärkte weltweit um ungefähr 42% eingestürzt sind. Hättest Du im Jahr 2007 Geld an der Börse investiert, dann wären Deine Aktien ein Jahr später, nur noch ungefähr die Hälfte wert gewesen. Anders ausgedrückt, hättest Du 50% Deines investierten Geldes verloren. Aus Panik vor weiteren Verlusten, hättest Du Dein Depot möglicherweise komplett geräumt und wärst nie wieder an die Börse zurückgekehrt. Dabei hättest Du den seit 2009 bis heute anhaltenden Aufstieg der Aktienkurse leider verpasst. Die Kurse stehen heute sogar höher als im Jahr 2007. Wir sehen solche Abstürze in jedem Aktienindex, in jeder Einzelaktie und in jeder Dekade. Es wird immer große Rücksetzer geben, aber es wird auch immer ein neuer Aufschwung kommen. Auf langfristige Sicht (> 15 Jahre), geht es immer nach oben. Und das ist genau der Schlüssel für unsere Altersvorsorge. Wir müssen keine Profis sein, um unser Geld an der Börse anzulegen. Wir müssen keine Unternehmenskennzahlen lesen können und wir müssen auch keine Angst vor einem Crash haben. Wir investieren unser Geld in die Weltwirtschaft.

Würden wir das über einen Zeitraum von nur fünf Jahren machen, wäre das Risiko eines Absturzes, von dem wir uns dann nicht mehr erholen können, viel zu hoch. Daher sollten wir diese Strategie nur für die Altersvorsorge verwenden. Wir investieren langfristig, für die nächsten 20, 30 oder 40 Jahre. Wir haben also genug Zeit, um einen Kursrutsch auszusitzen und die anschließende Erholung und den erneuten Aufschwung der Märkte mitzuerleben.

Diese Strategie kannst Du auf zwei verschiedenen Wegen umsetzen. Einer davon ist, dass Du mit einem monatlichen Sparplan, einen Aktienfonds kaufst, der genau diese Strategie verfolgt.

Schauen wir uns das an.

5.5 Aktienfonds

Aktienfonds werden grundsätzlich von Investmentbanken angeboten. Du kannst Anteile an nahezu jedem Aktienfonds über Deinen Broker kaufen. Dafür musst Du einen Auftrag (die Order) abgeben. Das kannst Du entweder mit einer einmaligen oder einer dauerhaft wiederkehrenden Absicht machen. In den meisten Fällen, bietet es sich an, einen dauerhaften Sparplan einzurichten. Dein Broker erhält damit den Auftrag von Dir, jeden Monat Anteile eines von Dir ausgewählten Aktienfonds zu kaufen. Diese Anteile legt der Broker dann in Dein Depot. Du kannst jederzeit sehen, wie viele Anteile Du aktuell besitzt, wie viel Du dafür gezahlt hast und wie hoch der aktuelle Wert Deiner Anteile ist.

Was macht ein Aktienfonds mit Deinen Sparraten?

Die Investmentbank sammelt alle Einzahlungen in einem Topf und der Fondsmanager kauft von dem Geld verschiedene Aktien. Welche Aktien gekauft und verkauft werden, entscheidet der Fondsmanager eigenständig. Darauf haben wir keinen Einfluss. Wir möchten lediglich in die Weltwirtschaft investieren und suchen uns daher einen Aktienfonds aus, der genau diese Strategie verfolgt. Das Ziel des Fondsmanagers ist es, genau die Aktien zu kaufen, von denen er sich das größte Wachstum verspricht. Der Fondsmanager weicht also ganz bewusst von einem Index ab. Er will mehr herausholen, indem er ständig Aktien kauft und verkauft. Er will die beste Aktie, zum besten Zeitpunkt in seinem Fonds haben. Im Fachjargon spricht man dabei von Stockpicking und Markettiming. Ein Fondsmanager beabsichtigt, durch besonders cleveres Ein- und Verkaufen von Aktien, eine Überrendite im Verglich zu dem Index schaffen. Ein Fondsmanager gestaltet den Aktienfonds also aktiv. Wenn er das gut macht, dann erzielt er eine höhere Rendite als aktuell marktüblich.

Aktienfonds vs. Aktienindex

Dazu ein kleines Beispiel. Der MSCI World Aktienindex, hat im Jahr 2015 einen Verlust von 2,5% gemacht. Das bedeutet, dass der durchschnittliche Wert aller großen Unternehmen, in allen Industrienationen, im Jahr 2015 durchschnittlich um 2,5% abgesackt ist. Das ist also kein gutes Jahr an der Börse gewesen. Dieser Durchschnittswert, gilt aber selbstverständlich nicht für alle Unternehmen. Es gibt natürlich Unternehmen, die um 15% an Wert verloren haben, es gibt aber auch Unternehmen, die 15% im Wert gestiegen sind. Wenn ein Fondsmanager, für das Jahr 2015, mehr positive als negative Aktien herausgepickt hat, dann hat der Fonds möglicherweise eine Wertsteigerung von z. B. 5% erreicht, obwohl der Marktdurchschnitt negativ ist. Hat er allerdings mehr negative als positive Aktien eingekauft, dann hat der Fonds möglicherweise einen größeren Wertverlust, als der Marktdurchschnitt. Man spricht davon, dass aktiv gemanagte Aktienfonds, immer den Markt schlagen wollen.

Wie kannst Du selbstständig in einen Aktienfonds investieren?

Um in einen aktiv gemanagten Aktienfonds zu investieren, benötigst Du zunächst ein Depot. Wie bereits in diesem Kapitel erwähnt, kannst Du bei den gängigen Onlinebanken ein kostenloses Depot eröffnen. Wenn Du Dein Depot eröffnet hast und Dich für einen Aktienfonds entschieden hast, dann hast Du genau zwei Möglichkeiten, um Dein Geld zu investieren.

1. Einmalzahlung
2. Sparplan

Du bist ganz flexibel und kannst Dein Vorgehen jederzeit ändern. Zum Start würde ich Dir einen Sparplan empfehlen. Ich verwende auch monatliche Sparpläne.

Wie funktioniert ein Sparplan?

Du hast in jedem Depot die Möglichkeit, einen Wertpapiersparplan für den Aktienfonds Deiner Wahl auszuwählen. Außerdem musst Du noch entscheiden, wie oft und in welcher Höhe der Sparplan, Anteile des Fonds kaufen soll. Der gewünschte Sparbetrag wird dann, in dem von Dir festgelegten Intervall, von Deinem Girokonto abgebucht. Die entsprechenden, von Deinem Geld erworbenen Anteile des Fonds, werden in Dein Depot eingebucht.

Wie bereits erwähnt, kannst Du Dein Vorgehen jederzeit ändern. Du hast gegenüber Deinem Broker keine Verpflichtung den Sparplan so fortzuführen, wie Du ihn beim ersten Mal ausgeführt hast. Du kannst Deinen Sparplan jederzeit unterbrechen oder auch kündigen.

Die wichtigsten Vor- und Nachteile von Aktienfonds

Die Investition in Aktienfonds, mittels eines Sparplans, hat einen großen Vorteil. Durch den sogenannten Cost-Average-Effekt (Durchschnittskosteneffekt), kaufst Du jeden Monat Anteile des Fonds. Immer für den gleichen Wert, z. B. 100€. Aus diesem Kapitel wissen wir, dass Aktien ständig in Bewegung sind und die Kurse teilweise stark schwanken können. An einem Ausführungstag mit hohen Kursen, kauft Dein Sparplan nur wenige Anteile, weil er für Deine Sparrate von 100€ aktuell nicht mehr Anteile bekommt. An einem Ausführungstag mit niedrigen Kursen, kauft Dein Sparplan mehr Anteile, weil er zu den niedrigeren Kursen mehr Anteile für 100€ kaufen kann. Dadurch erreichst Du langfristig einen günstigeren Durchschnittseinkaufspreis.

Fonds zählen zum Sondervermögen einer Investmentgesellschaft. Sollte Dein Broker Insolvenz anmelden müssen, dann ist Dein Kapital dennoch sicher. Du kannst mit Deinen Fondsanteilen bequem zu einem anderen Broker umziehen. Ein weiterer Vorteil ist darin zu sehen, dass Aktienfonds täglich an der Börse gehandelt werden und daher sehr liquide sind. Du kannst somit jederzeit auf Dein Geld zugreifen, indem Du Deine Fondsanteile verkaufst. Du kannst im Alter also selber entscheiden, wie Du die Auszahlung gestaltest. Du kannst mal mehr oder mal weniger Anteile verkaufen und so Deinen Kapitalfluss steuern. Ebenso kannst Du im Alter alle Fondsanteile auf einmal verkaufen. Private Altersvorsorge mit Aktienfonds zu betreiben, hat aber auch Nachteile. Da der Kapitalaufbau nicht in einem Versicherungsmantel stattfindet, wird ein Aktienfonds nicht zur staatlich anerkannten Altersvorsorge hinzugezählt, sodass der Kapitalschutz entfällt. Solltest Du demnach während der Ansparphase arbeitslos werden und sogar Sozialhilfe beantragen müssen, dann wird die Regierung Dir kein Geld auszahlen, solange Du noch über Kapital in Aktienfonds verfügst. Das hätte die bittere Konsequenz, dass Du alle Fondsanteile verkaufen müsstest. Das gleiche gilt natürlich auch für den Fall, dass Deine Einkünfte als Rentner unterhalb der Grundsicherung liegen. Dann bist Du ebenfalls gezwungen, zuerst Dein Fondskapital zu verbrauchen, bevor die Regierung Dir die Grundsicherung zahlt. Außerdem sind Aktienfonds mit einem höheren Risiko verbunden. Das Risiko eines Totalverlustes, besteht mit

Aktienfonds quasi nicht, aber auch Aktienfonds schwanken. Du brauchst Ausdauer und Disziplin, wenn Du 20, 30 oder 40 Jahre lang erfolgreich am Aktienmarkt tätig sein möchtest. Durch die ständige Verfügbarkeit kannst Du leicht in Versuchung kommen, das Geld anders auszugeben, z. B. für ein neues Auto oder eine Reparatur an Deinem Haus.

Wie viel kostet ein Aktienfonds?

Im Zusammenhang mit den fondsgebundenen Versicherungen, habe ich bereits angedeutet, dass die Kosten für Aktienfonds doppelt so hoch sein können, wie bei einer klassischen Versicherung, ohne Aktienfonds. Ein aktiv gemanagter Aktienfonds hat verschiedene Kostenpunkte. Die wichtigsten Punkte sind sicher, die Kosten des Fondsmanagements, die Ausgabeaufschläge, die Transaktionskosten und die Performancegebühr. Diese Kosten werden bei Aktienfonds in der bereits bekannten Kennzahl TER ausgedrückt. Doch, wie bereits erwähnt, sind nicht immer alle Kosten in der Gesamtkostenquote TER angegeben. Um es an dieser Stelle aber nicht zu verkomplizieren, gehen wir im Folgenden von einer durchschnittlichen Gesamtkostenquote von 2% pro Jahr aus, in der alle Kosten berücksichtigt sind. In der Praxis gibt es günstigere, aber auch teurere Fonds.

Welche jährliche Rendite kannst Du erwarten?

In der Ausführung über die verschiedenen Aktienindizes,

haben wir gesehen, dass Aktien im Durchschnitt der letzten Dekaden, um ungefähr 8% pro Jahr gestiegen sind. Jetzt können wir leider nicht in die Zukunft sehen, aber wir können davon ausgehen, dass dieser Trend sich über die nächsten 20, 30 oder 40 Jahre so fortsetzen wird. Daher gehen wir von einer durchschnittlichen Bruttorendite von 8% pro Jahr aus. Abzüglich der Kosten von 2%, erreicht ein aktiv gemanagter Aktienfonds, eine jährliche Wertsteigerung von ungefähr 6%. Allerdings haben wir auch festgestellt, dass ein Aktienfonds in einem Jahr um 40% fallen kann, um im nächsten Jahr wieder um 40% zu steigen. Es ist sehr wichtig, dass wir uns das immer wieder deutlich machen. Der Aktienmarkt ist eine Achterbahnfahrt. Bei langfristiger Betrachtung geht es nach oben. Und so sind auch die 6% Nettorendite zu beurteilen. In den Berechnungen sieht es immer so aus, als würden wir diese Rendite in jedem Jahr erreichen. Das ist aber nicht der Fall. Vielmehr kann es vorkommen, dass die Aktienkurse mehrere Jahre hintereinander fallen oder zumindest nicht ansteigen. Auf langfristige Sicht, über 20, 30 oder 40 Jahre, steigen die Kurse jedoch.

Was möchten wir erreichen?

Wir möchten im Alter von 67 Jahren über ein Kapital verfügen, aus dem wir monatlich Geld entnehmen können, um unsere Rentenlücke zu schließen. Das Kapital muss groß genug sein, damit wir mindestens unsere durchschnittliche Lebenserwartung abdecken können. Denn, im Vergleich mit den kapitalbildenden

Renten- und Versicherungen, sind wir in diesem Fall selber dafür verantwortlich, dass wir mit unserem Geld im Alter auskommen. Kommen wir zu Max und seiner derzeitigen Situation. Nach aktuellem Stand, zahlt Max jeden Monat 200€ in die drei Förderrenten, 100€ monatlich in die Kapitallebensversicherung und zusätzlich noch 60€ in eine Berufsunfähigkeitsversicherung ein. Er zahlt damit 300€ monatlich in kapitalbildende Produkte ein. Er erreicht dadurch ziemlich sicher eine lebenslange, monatliche Zusatzrente in Höhe von ungefähr 600€. Außerdem kann er im Alter von 67 Jahren, über ein Kapital in Höhe von ungefähr 50.000€ verfügen. Die Berufsunfähigkeitsversicherung klammern wir in diesem Fall aus, da diese ein existenzielles Risiko abbildet und kein Kapital aufbaut. Welches Endkapital müsste Max mit einem Aktienfonds erzielen, damit er die gleichen Kapitalwerte, wie bei den Renten und der Versicherung erreicht?

Halten wir fest:

Er benötigt ein Kapital aus dem er jeden Monat 603€ entnehmen kann. Die Versicherungen kalkulieren mit einer Lebenserwartung von 90 Jahren. Wir machen das in diesem Fall auch. Max muss also 23 Jahre lang, ab seinem 67. Geburtstag, jeden Monat über 603€ verfügen können. Zusätzlich zahlt ihm die Kapitallebensversicherung 56.327€ zu Beginn seines Rentnerlebens aus. Damit Max die gleichen Kapitalwerte erreichen kann, wie aus den vier kapitalbildenden

Produkten, benötigt er ein Endkapital in Höhe von 222.755€.

Sehen wir uns an, wie viel Geld Max jeden Monat in einen Aktienfonds mit einer durchschnittlichen Nettorendite von 6% pro Jahr einzahlen muss, um ein Endkapital in Höhe von 222.755€, bis zu seinem 67. Geburtstag zu erreichen.

Altersvorsorge mit einem Sparplan auf einen weltweit investierenden Aktienfonds

Max ist heute 35 Jahre alt und wird ab sofort jeden Monat 250€ in einen aktiv gemanagten und weltweit anlegenden, Aktienfonds investieren. Wir gehen von einer Anlagedauer von 32 Jahren aus. Max hat dafür einen dauerhaften Sparplan eingerichtet. Sein Broker kauft ab sofort jeden Monat Anteile des Fonds. Die Nettorendite beträgt durchschnittlich 6% pro Jahr, auf die nächsten 32 Jahre gerechnet. Max zahlt auf die Gewinne seines Aktienfonds Kapitalertragssteuer. Die liegt in Deutschland bei 25%, zuzüglich Solidaritätsbeitrag und Kirchensteuer. Da Max in den alten Bundesländern lebt, aber nicht der Kirche angehört, beträgt sein Steuersatz auf Kapitalerträge genau 26,38%. Wir gehen der Einfachheit halber davon aus, dass Max sein ganzes Kapital im Alter von 67 Jahren in sichere Anlagen umschichtet und damit immerhin die Inflation ausgleichen kann. Würde er das ganze Geld auf seinem Girokonto liegen lassen, dann würde es durch die Inflation jedes Jahr an Wert verlieren.

Tabelle 22: Aktienfonds

Produkt	Aktienfonds
Sparrate pro Monat in €	250
Sparrate pro Jahr in €	3.000
Mögliches Kapital in €	272.669
Eigenbeitrag in €	96.000
Gewinn in €	176.669
Kapitalertragssteuer in %	26,38
Steuerabzug in €	46.605
Auszahlungsbetrag in € (heutige Kaufkraft)	**226.064**

Um ein Kapital in Höhe von ungefähr 222.755€ zu erreichen, müsste Max jeden Monat 250€ in einen Aktienfonds investieren. Mit einer jährlichen Rendite von 6%, erreicht Max nach 32 Jahren ein Endkapital in Höhe von 272.669€. Das entspricht einem Gewinn von 176.669€. Dieser Gewinn unterliegt der Kapitalertragssteuer in Höhe von 26,38%. Nach Steuern bleibt Max ein Kapital in Höhe von 226.064€ Aus diesem Kapital kann Max jeden Monat 600€ entnehmen. Außerdem kann er einmalig 50.000€ entnehmen. Im Alter von 90 Jahren wäre das Kapital aufgebraucht. Mit einer Sparrate von 250€ pro Monat liegt er um 50€ unter dem monatlichen Beitrag von 300€, die er für die Förderrenten und die Lebensversicherung aufbringen müsste.

Was können wir festhalten?

Die Kapitalanlage in einen Aktienfonds, ist neben den drei Förderrenten, der Kapitallebensversicherung und der privaten Rentenversicherung die sechste Möglichkeit, um Dir ein Zusatzeinkommen für Deinen Ruhestand aufzubauen. Ein Aktienfonds sollte meiner Meinung nach, grundsätzlich weltweit und branchenübergreifend investieren. Damit sinkt das Risiko einer Geldanlage in Aktien dramatisch. Du solltest immer die TER, also die Gesamtkosten pro Jahr von Aktienfonds vergleichen. In unserem Beispiel sind wir von Kosten in Höhe von 2% pro Jahr ausgegangen. Alles darunter ist besser, alles darüber ist zu teuer. Leider haben wir auch hier noch einen Kostenblock, der sogar tendenziell höher ausfällt, als bei einer klassischen Versicherung. Zurück zu Max. Er spart demnach jeden Monat 50€, wenn er auf die Förderrenten und die Lebensversicherung verzichtet und stattdessen in einen Aktienfonds investiert. Seine monatliche Sparrate ist aber immer noch enorm. Zu dem Aktiensparplan in Höhe von 250€, müssen wir noch die Berufsunfähigkeitsversicherung addieren. Damit kommt Max in diesem Szenario, auf eine monatliche Belastung von 310€. Das ist zwar besser als vorher, aus meiner Sicht aber immer noch zu teuer. Es sind ziemlich genau 16% seines Nettogehalts. Für die perfekte Altersvorsorge ist das immer noch zu viel. In dem nächsten Kapitel stelle ich Dir ein Produkt vor, dass bei gleicher Rendite, fast ohne Kosten auskommt.

5.6 Börsengehandelte Indexfonds (ETFs)

Neben den aktiv gemanagten Aktienfonds gibt es auch Aktienfonds, die keine aktive Steuerung durch ein Management benötigen. Diese Aktienfonds werden passiv durch einen Computer verwaltet. Im Gegensatz zu den aktiv gemanagten Aktienfonds, muss bei den passiven Aktienfonds demnach kein Fondsmanager entscheiden, welche Aktien ein- und verkauft werden sollen. Eine besondere Form der passiven Aktienfonds sind die sogenannten börsengehandelten Indexfonds, die nach ihrem englischen Namen „Exchange Traded Funds" mit den Buchstaben ETF abgekürzt werden.

Warum benötigen ETFs kein aktives Management?

Diese Indexfonds haben eine sehr einfache Vorgehensweise. ETFs bauen einfach einen Aktienindex nach. Dazu investiert ein ETF immer in die Aktien aus dem jeweiligen Index. Ein ETF auf den deutschen Aktienindex DAX, kauft einfach alle im DAX enthaltenen Aktien. Er ändert diese nur dann, wenn der DAX ein Unternehmen austauscht. Das hat den großen Vorteil, dass bei einem ETF keine nennenswerten Kosten für das Management anfallen. Ein aktiv gemanagter Aktienfonds kostet etwa 2% der Beiträge pro Jahr. Ausnahmen nach unten und nach oben bestätigen die Regel.

Ein ETF kostet vergleichsweise wenig und ist für jährliche Gesamtkosten zwischen 0,1% und 0,8% zu haben. Im Durchschnitt sind ETFs also deutlich günstiger als aktiv gemanagte Aktienfonds. Durch die Nachbildung eines Aktienindex, erreicht ein ETF immer die Rendite, des zugrundeliegenden Index. Ein ETF, der den MSCI World Index nachbaut, erreicht logischerweise auch die Rendite des MSCI World Index. Bitte beachte, dass diese Durchschnittsrendite von den meisten Fondsmanagern nicht erreicht wird. Dazu existieren sehr viele Studien, die teilweise zu dem Ergebnis kommen, dass 75% aller aktiv gemanagten Fonds, nicht die Durchschnittsrendite am Aktienmarkt erreichen. Die 25% der Manager, die es aber schaffen, variieren aber jedes Jahr. D. h. ein Fondsmanager verdient gut daran, dass er Dein Geld in Aktien anlegt, deren Entwicklungspotenzial er hoch einschätzt. Er ist dabei nicht starr an die Aktien gebunden, die er einmal für gut befunden hatte. Er handelt vielmehr über das ganze Jahr hinweg, mit mehreren Aktien hin und her. Dabei schafft er es wahrscheinlich nicht, die Durchschnittsrendite eines vergleichbaren Aktienindex zu schlagen. Angenommen, der Fondsmanager schafft es doch, regelmäßig die durchschnittliche Marktrendite zu erzielen, dann haben beide Produkte, ein aktiv gemanagter Aktienfonds und ein ETF, am Ende des Jahres die gleiche Bruttorendite erwirtschaftet. Selbst in dem Fall, erreichen wir mit einem ETF aufgrund der deutlich geringeren Kostenquote, eine deutlich bessere Nettorendite.

Wie kannst Du selbstständig in einen ETF investieren?

Das Investieren in einen ETF funktioniert, genau wie bei dem aktiv gemanagten Aktienfonds. Du hast die Wahl, zwischen einem Sparplan oder einer Einmalzahlung. Du kannst das Kaufintervall, den Ausführungstag und Deine Sparrate ganz flexibel anpassen, wie es Dir am besten auskommt. Bei einem ETF Sparplan profitierst Du ebenso von dem Cost-Average-Effekt.

Die Vor- und Nachteile sind ähnlich zu dem aktiv gemanagten Aktienfonds. ETF zählen ebenfalls zum Sondervermögen einer Investmentgesellschaft. Sollte Dein Broker Insolvenz anmelden müssen, ist Dein Kapital dennoch sicher. Du kannst mit Deinen ETF Anteilen bequem zu einem anderen Broker umziehen. Ein weiterer Vorteil besteht darin, dass ETFs täglich an der Börse gehandelt werden und daher sehr liquide sind. Du kannst somit jederzeit auf Dein Geld zugreifen, indem Du Deine Fondsanteile verkaufst. Du kannst im Alter also selber entscheiden, wie Du die Auszahlung gestaltest. Du kannst mal mehr oder mal weniger Anteile verkaufen und so Deinen Kapitalfluss steuern. Ebenso kannst Du im Alter alle Fondsanteile auf einmal verkaufen.

Altersvorsorge mit ETFs hat aber auch Nachteile. Da der Kapitalaufbau nicht in einem Versicherungsmantel stattfindet, wird ein ETF nicht zur staatlich anerkannten Altersvorsorge gezählt. Solltest Du während der Ansparphase arbeitslos werden und sogar Grundsicherung beantragen müssen, dann wird die Regierung Dir kein Geld auszahlen, solange Du noch über Kapital in ETFs verfügst. Das hätte die bittere Konsequenz, dass Du alle ETF-Anteile verkaufen müsstest. Das gleiche gilt natürlich auch für den Fall, dass Deine Einkünfte als Rentner unterhalb der Grundsicherung liegen. Dann bist Du ebenfalls gezwungen, zuerst Dein ETF-Kapital zu verbrauchen, bevor die Regierung Dir die Grundsicherung zahlt. Analog zu den Aktienfonds, sind auch ETFs mit einem höheren Risiko verbunden. Das Risiko eines Totalverlustes, besteht mit ETFs zwar ebenfalls nicht, aber auch ETF schwanken. Du brauchst Ausdauer und Disziplin, wenn Du 20, 30 oder 40 Jahre lang erfolgreich am Aktienmarkt tätig sein möchtest. Durch die ständige Verfügbarkeit kannst Du leicht in Versuchung kommen, das Geld anders auszugeben.

Altersvorsorge mit einem ETF Sparplan

Für Deine Altersvorsorge eignen sich besonders Indexfonds, die besonders breit aufgestellt ist. Der Vorteil daran ist, dass Du nicht von einzelnen Ländern, Branchen oder Unternehmen abhängig bist. Max beauftragt seinen Broker ab sofort, jeden Monat Anteile von zwei ETFs auf die beiden Indizes, MSCI World und MSCI Emerging Markets zu kaufen. Gegenüber einem Aktienfonds haben die ETFs den Vorteil, dass sie automatisiert gemanagt werden, d. h. die Abschlussgebühr und die jährlichen Kosten für das Fondsmanagement entfallen fast komplett. Für unser Beispiel kalkulieren wir die ETFs mit 0,3% Kosten und 8% Rendite pro Jahr. Wir rechnen also mit einer Nettorendite von 7,7% pro Jahr. Max zahlt auf die Gewinne seines ETFs Kapitalertragssteuer. Die liegt, wie bereits besprochen, bei 26,38%. Wir gehen der

Einfachheit halber davon aus, dass Max sein ganzes Kapital im Alter von 67 Jahren in sichere Anlagen umschichtet und damit immerhin die Inflation von 1,5% egalisieren kann.

Tabelle 23: ETF Sparplan

Produkt	ETF
Sparrate pro Monat in €	185
Sparrate pro Jahr in €	2.220
Mögliches Kapital in €	280.743
Eigenbeitrag in €	71.040
Gewinn in €	209.703
Kapitalertragssteuer in %	26,38
Steuerabzug in €	55.320
Auszahlungsbetrag in € (heutige Kaufkraft)	**225.423**

Max genügt in diesem Fall eine monatliche Sparrate von 185€, um das Kapital in Höhe von ungefähr 222.755€ zu erreichen. Mit einer Sparrate von 185€ pro Monat, erreicht Max ein Endkapital in Höhe von 280.743€. Er kann seinen Eigenbeitrag von 71.040€ vervierfachen. Abzüglich Kapitalertragssteuer, bleibt ihm ein Kapital von 225.423€ Aus diesem Kapital kann er nun jeden Monat 600€ entnehmen. Außerdem kann er einmalig 50.000€ entnehmen. Das Kapital reicht bis zu seinem 90.

Geburtstag. Max kann seine Sparrate, im Vergleich mit dem Aktienfonds, nochmals um 65€ pro Monat reduzieren. Max würde seine finanziellen Ziele, mit einer Sparrate von 185€ pro Monat erreichen. Addieren wir wieder die Berufsunfähigkeitsversicherung hinzu, dann kommt Max nun auf eine monatliche Gesamtrate von 245€. Das entspricht ungefähr 13% seines Nettogehalts von 1.916€.

Was können wir festhalten?

ETFs verursachen nur geringe Kosten, da wir keine Bank oder Versicherung und auch keine Fondsmanager mehr benötigen. Mit durchschnittlich 0,3% Kosten pro Jahr, sind ETFs die günstigste Möglichkeit, auf einfache Weise für unseren Ruhestand vorzusorgen. Dazu kommt, dass ETFs mit großer Wahrscheinlichkeit eine durchschnittliche Rendite von 8% pro Jahr erreichen werden und wir damit die höchste Nettorendite, von allen in diesem Buch behandelten Vorsorgeprodukten, erreichen. Wenn Du eine zusätzliche Rente für Deinen Ruhestand aufbauen möchtest, dann kannst Du das am effizientesten, mit einem ETF Sparplan erreichen.

Grundsätzlich ist das nicht nur effizienter als Dein Geld auf einem Girokonto zu sparen, sondern es schlägt in den beiden Punkten, Kosten und Rendite, alle anderen Vorsorgeprodukte. Einzig die Betriebsrente mit Arbeitgeberzuschuss, kann mithalten.

5.7 Fazit Vorsorge in Eigenregie

An dem Beispiel von Max haben wir gesehen, dass es möglich ist, eine ambitionierte Vorsorgelücke zu schließen. Das ist problemlos mit den gängigen Altersvorsorgeprodukten machbar. Nur leider sind diese Produkte sehr teuer. So teuer, dass Max jeden Monat ungefähr 20% seines Nettogehalts ausgeben müsste, um seine finanziellen Ziele für seinen Ruhestand zu erreichen. Daher haben wir in diesem Kapitel über eine alternative Möglichkeit der privaten Altersvorsorge gesprochen. Ich habe Dir in groben Zügen dargestellt, wie die Börse funktioniert und warum Du einen Broker benötigst, um selbstständig, d. h. auf eigenen Namen und eigene Verantwortung, in Aktienfonds zu investieren. Ich habe Dir gezeigt, wie Aktienindizes funktionieren und warum es Sinn macht, in die Weltwirtschaft zu investieren. Mit weltweit und branchenübergreifend investierenden Aktienfonds und Indexfonds (ETFs), hast Du die Möglichkeit, diese Strategie zu verfolgen. Da es an der Börse aber meist recht stürmisch zugeht und die Aktienkurse teilweise stark schwanken können, solltest Du nur Geld investieren, dass Du in den nächsten 15 Jahre nicht benötigst.

Im letzten Teil des Buches, werde ich alle behandelten Produkte miteinander vergleichen und zeigen, was ich für die perfekte Altersvorsorge halte.

6. Abschluss

6.1 Die perfekte Altersvorsorge

Im Verlauf dieses Buches haben wir festgestellt, dass Du einen Betrag zwischen 13-20% Deines aktuellen Nettogehalts in Deine Altersvorsorge investieren solltest, wenn Du eine ähnlich gute Altersvorsorge, wie Max haben möchtest.

Max muss im günstigsten Fall, immerhin noch 245€ pro Monat für seine Altersvorsorge sparen.

Damit erreicht er im Ruhestand, eine monatliche Gesamtrente in Höhe von ungefähr 80% seines heutigen Nettogehalts. Zusätzlich verfügt er dann noch über eine große Summe Geld, mit der er seine Wünsche erfüllen kann.

Spätestens an dieser Stelle, solltest Du Deine persönliche Rentenlücke ausgerechnet haben. Fällt diese niedriger, ähnlich oder sogar höher als bei Max aus? Bist Du jünger oder älter als Max? Dann musst Du vielleicht etwas weniger oder sogar etwas mehr Geld investieren. Ich habe Dir dafür neun verschiedene Produkte vorgestellt, mit denen Du Deine persönliche Altersvorsorge gestalten kannst.

Zusammengefasst sind das:

1. Betriebsrente
2. Riester Rente
3. Rürup Rente
4. Kapitallebensversicherung
5. Private Rentenversicherung
6. Risikolebensversicherung
7. Berufsunfähigkeitsversicherung
8. Aktiv gemanagter Aktienfonds
9. Passiv gemanagter Indexfonds (ETFs)

Von den genannten Produkten, bauen nur sieben Produkte Kapital auf. Die beiden Risikoprodukte (Punkt 6 und 7), sichern Dich und Deine Familie ausschließlich für einen Schadensfall ab.

Um abschließend alle in diesem Buch behandelten Produkte miteinander zu vergleichen, habe ich berechnet wie hoch das Endkapital nach 32 Jahren wäre, wenn Max je Produkt genau 50€ pro Monat (effektiver Eigenanteil) einzahlen würde.

In der folgenden Tabelle habe ich die Brutto- und Nettorenditen nach Steuer- und Sozialversicherungsbeiträgen aufgeführt. Bezogen auf den Eigenanteil.

Tabelle 24: Renditen auf den Eigenanteil

Produkt	Bruttorendite in %	Nettorendite in %
Betriebsrente	6,1	4,0
Betriebsrente +	8,1	6,0
Riester Rente	5,1	4,2
Rürup Rente	4,3	3,4
Lebensversicherung	2,5	2,5
Private Rente	2,5	2,5
Aktienfonds	6,0	4,4
ETF	7,7	6,0

In der folgenden Grafik siehst Du die entsprechende Kapitalentwicklung bei einem Eigenanteil von 50€ pro Monat.

Grafik 6: Vergleich kapitalbildende Produkte

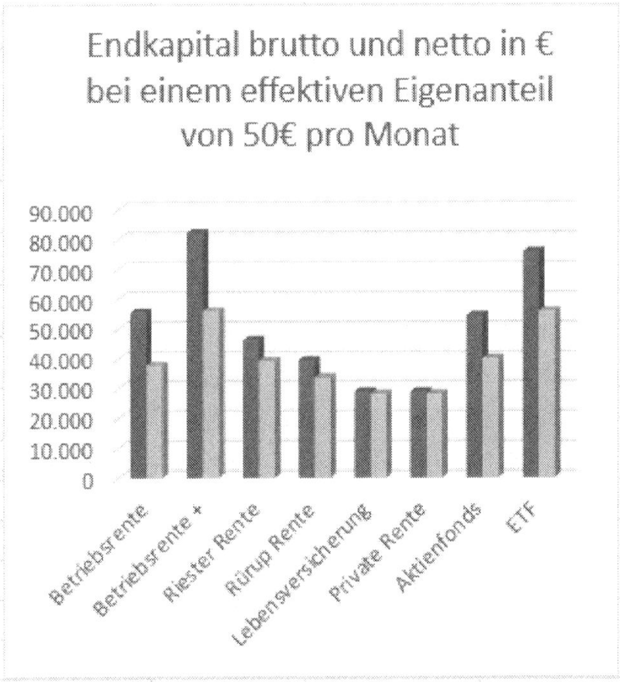

Jedes Produkt habe ich in zwei Balken dargestellt. Der jeweils höhere Balken zeigt das Bruttoendkapital und der jeweils niedrigere Balken zeigt das Nettoendkapital.

Schauen wir uns zunächst die höheren Balken an. Du kannst erkennen, dass die Betriebsrente + (mit Arbeitgeberzuschuss) das höchste Bruttoendkapital erreicht. Das liegt daran, dass Du neben Deinem Eigenbeitrag, noch eine staatliche Zulage und eine Zulage Deines Arbeitgebers erhältst. Der monatliche Sparbetrag beträgt rund 150€, obwohl Du effektiv nur

50€ aus eigener Tasche zahlen musst. Der ETF Sparplan kommt an zweiter Stelle und der Aktienfonds folgt auf dem dritten Platz.

Diese beiden Produkte werden nicht durch Deinen Arbeitgeber oder den Staat gefördert. Aufgrund der hohen Renditen, erwirtschaften diese beiden Produkte, dennoch ein vergleichsweise hohes Endkapital.

Auf den weiteren Plätzen folgen die Betriebsrente (ohne Arbeitgeberzuschuss) und die Riesterrente. Die Rürup Rente, die Kapitallebensversicherung und die private Rentenversicherung belegen die hinteren Plätze. Die Kapitallebensversicherung und die private Rentenversicherung erreichen das niedrigsten Endkapital, da diese Versicherungen weder gefördert werden, noch hoch verzinst sind. Der zweite Balken zeigt immer das Nettoendkapital. Also das Bruttoendkapital abzüglich Steuer- und Sozialversicherungsabgaben.

Wie Du bereits weißt, werden die Produkte unterschiedlich besteuert. Die Betriebsrente hat den entscheidenden Nachteil, mit Deinem vollen Einkommensteuersatz und mit dem vollen Sozialversicherungssteuersatz belegt zu werden. Daher ist die Differenz zwischen Brutto- und Nettoendkapital sehr groß. Die Riester Rente und die Rürup Rente sind dagegen ausschließlich einkommensteuerpflichtig. Sozialversicherungsbeiträge fallen bei diesen beiden Renten nicht an.

Bei Aktienfonds und Indexfonds (ETFs) wird nur Kapitalertragssteuer fällig. Die Kapitallebensversicherung und die private Rentenversicherung werden sehr gering besteuert.

Auffällig ist, dass die Produkte mit dem höchsten Bruttoendkapital, am höchsten besteuert werden. Während die Produkte mit den niedrigsten Bruttoendwerten, nur sehr gering besteuert werden. Die Nettoendwerte der Produkte nähern sich daher an.

In jedem Fall ist klar erkennbar, dass die Betriebsrente + (mit Arbeitgeberzuschuss) und einer oder mehrere ETF Sparpläne, die sinnvollsten Produkte für Deine Altersvorsorge sind.

Hinweis:

Bei den drei Förderrenten (Betriebs-, Riester-, und Rürup Rente) musst Du in meinem Beispiel mindestens 90 Jahre alt werden, um die komplette Auszahlung des angegebenen Kapitals zu erreichen. Bei der Kapitallebensversicherung, der privaten Rentenversicherung und bei den Sparplänen auf den Aktienfonds und die ETFs, kannst Du direkt über das Kapital verfügen.

Wie sieht jetzt die perfekte Altersvorsorge aus?

Grundsätzlich solltest Du Deine Altersvorsorge auf verschiedene Säulen aufbauen. Aus meiner Sicht solltest Du es aber nicht übertreiben. In den Beispielen von Max habe ich es bewusst übertrieben. Fünf verschiedene Versicherungen würde ich nicht abschließen. Du wärst dann zu abhängig von politischen Entscheidungen. Zulagen könnten z. B. in Zukunft gekürzt werden, Sozialversicherungsbeiträge könnten erhöht werden und der Einkommensteuersatz könnte steigen. In den nächsten 20, 30 oder 40 Jahren wird viel passieren.

Ebenso ist es aus meiner Sicht nicht sinnvoll, nur einen ETF Sparplan abzuschließen. Der Aktienmarkt ist ständigen Schwankungen unterworfen. Im ungünstigsten Fall, sind die Aktienkurse unten, wenn Du in den Ruhestand gehen möchtest.

Außerdem bist Du durch die Kapitalertragssteuer auch auf die Politik angewiesen. Wird der Steuersatz in 20, 30 oder 40 Jahren erhöht, dann musst Du höhere Steuern auf Deine Gewinne/Erträge zahlen. Dir bleibt dann logischerweise weniger Kapital für Deinen Ruhestand.

Für mich besteht die perfekte Altersvorsorge aus einer Mischung von mindestens zwei verschiedenen Produkten. Damit meine ich eine staatlich geförderte Zusatzrente und einen privaten Aktiensparplan. Ein Sparplan, kann und sollte aus mehreren ETFs bestehen.

In diesem Buch bin ich zu dem Ergebnis gekommen, dass die Betriebsrente + (mit Arbeitgeberzuschuss) und der ETF Sparplan dafür die geeigneten Produkte sind. Grundsätzlich sind aber auch andere Konstellationen denkbar, wie z. B. Riester Rente und Aktienfonds.

Am Ende musst Du entscheiden, mit welchen Produkten Du Dich am wohlsten fühlst. Zusätzlich empfehle ich Dir eine Berufsunfähigkeitsversicherung und gegebenenfalls eine Risikolebensversicherung.

Eine perfekte private Altersvorsorge gibt es aber nicht geschenkt. Du musst je nach Produktauswahl ungefähr 13% bis 20% Deines Nettogehalts aufwenden, um eine sehr gute Vorsorge zu erreichen. Günstiger geht kaum. Zwei Ausnahmen:

Dein Arbeitgeber zahlt extrem gute Zulagen zu Deiner Betriebsrente oder übernimmt die Beiträge sogar komplett. In dem Fall würdest Du deutlich weniger Geld aufwenden müssen. Für den Fall, dass Du mehrere Kinder hast, ist eine Riester Rente auch besser zu bewerten, als in unserem Beispiel. Du würdest dann ebenfalls weniger Geld aufwenden müssen.

An dieser Stelle möchte ich Dich noch einmal darauf hinweisen, dass ich bei den Beispielen in diesem Buch, drei sehr wichtige Annahmen getroffen habe.

Erstens: Max kann sein Gehalt jedes Jahr um 1,5% steigern. Dadurch bleibt seine Rentenlücke, trotz Inflation, auf dem gleichen Niveau.

Zweitens: Max erhöht seine Sparraten für die private Altersvorsorge in jedem Fall um 1,5% pro Jahr, damit er auch an dieser Stelle die Inflation ausgleichen kann.

Wenn Max diese Erhöhungen nicht erreichen würde,

dann würden seine späteren Bezüge sehr viel weniger wert sein. In der folgenden Grafik habe ich die inflationsbereinigten Endwerte ergänzt.

Grafik 7: Vergleich kapitalbildende Produkte (mit Inflation)

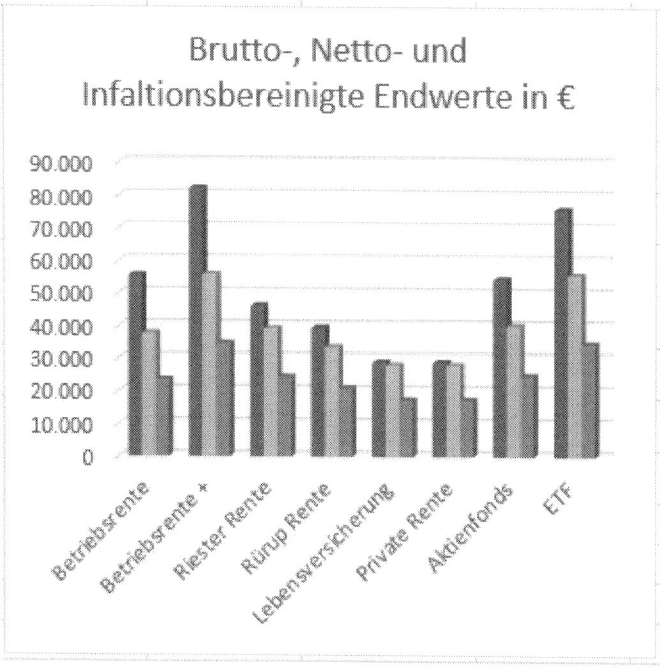

Der dritte Balken zeigt, wie viel das Nettoendkapital noch wert ist, wenn Du in den Ruhestand gehst und Deine Sparraten nicht an die Inflation angepasst hast. Es verliert auf 32 Jahre gerechnet, genau 38% an Wert im Vergleich mit der heutigen Kaufkraft.

Nehmen wir an, Du möchtest Dir heute ein Auto kaufen.

Nehmen wir weiter an, dass es heute ca. 20.000€ kostet

und Dir das Geld, sicher aufbewahrt in einem Tresor, zur Verfügung steht. Wenn Du Dich entschließt, dieses Auto doch nicht heute, sondern erst nach Renteneintritt zu kaufen, reicht es nicht aus die 20.000€ wieder aus dem Tresor zu holen und zum Autohändler Deines Vertrauens zu fahren. Denn in 32 Jahren, erhältst Du für Deine 20.000€, überspitzt gesagt, nur noch die Reifen und kein komplettes Auto. Das gewünschte Auto würde dann, legt man die 38% Wertverlust zu Grunde, ca. 32.000€ kosten. Und so wirkt die Inflation auch auf Dein Nettoendkapital. Regelmäßige Gehaltserhöhungen und Anpassungen der privaten Sparraten (beides um mindestens 1,5% pro Jahr), sind daher von extrem großer Bedeutung für Deine Altersvorsorge. Drittens: Ich bin bei den Berechnungen, zudem stillschweigend davon ausgegangen, dass Max seinen Lebensstandard in den nächsten 32 Jahren konstant hält. Das ist ebenfalls ein ganz wichtiger Punkt. Würde er seinen Lebensstandard stetig steigern, würden sich seine Ausgaben ebenfalls erhöhen. Diesen Lebensstandard müsste er dann im Alter auch finanzieren. Seine Rentenlücke würde sich also vergrößern, da er weitere finanzielle Mittel benötigen würden. Übertrieben gesagt, solltest Du nicht bei jeder Gehaltserhöhung in eine größere Wohnung umziehen oder ein neues Auto kaufen.

Grundsätzlich ist es von entscheidender Bedeutung, dass Du im Thema bleibst. Ich empfehle Dir, mindestens ein Buch pro Jahr zu lesen, in dem es um das Thema

„Altersvorsorge" geht. Du musst am Ball bleiben, um in der Zukunft die richtigen Entscheidungen treffen zu können.

Die perfekte Altersvorsorge in Stichpunkten:

- Gesetzliche Rente ausrechnen
- Rentenlücke festlegen
- Zwei verschiedene kapitalbildende Produkte aussuchen
- Risikoversicherungen abschließen
- Regelmäßige Gehaltserhöhungen
- Regelmäßiges Anpassen der Sparraten
- Rentenlücke konstant halten
- Finanzbildung

6.2 Schlusswort

In meinem Vorwort habe ich Folgendes geschrieben:

„Verstehe das Buch bitte als einen Leitfaden, der Dich durch das Labyrinth der Altersvorsorge in Deutschland führen soll. Du sollst am Ende des Buches einen klaren Überblick darüber haben, wie hoch Deine Rente einmal ausfallen wird, welche Ziele Du für Deinen Ruhestand hast, wie hoch dementsprechend Deine Rentenlücke sein wird, welche Produkte Dir für eine private Altersvorsorge zur Verfügung stehen und welche Produkte am besten zu Deinen persönlichen Zielen passen."

Ich hoffe sehr, dass ich mein Ziel erreichen konnte und Du die gestellten Fragen für Dich beantworten kannst.

Ich würde mich sehr über Dein Feedback zu meinem Buch freuen. Sende Deine Gedanken, Anregungen oder sonstige Anmerkungen gerne per E-Mail an ftbuecher@gmail.com. Mich würde es wahnsinnig freuen, wenn Du Dir die Zeit nehmen würden um eine kurze Bewertung auf Amazon zu schreiben. Wie hat Dir das Buch gefallen? Hat Dir mein Buch einen Mehrwert geliefert? Wie beurteilst Du das Preis-Leistungs-Verhältnis?

Vielen Dank fürs Lesen und viel Erfolg bei Deiner Altersvorsorge.

Mit freundlichen Grüßen,

Fabian Thier

P.S.: Zum Abschluss noch ein kurzer Hinweis auf mein neues Buch **„Die 20 größten Irrtümer bei der privaten Altersvorsorge“**, das Ende Mai 2018 als eBook und Taschenbuch auf Amazon erscheinen wird.

In dem Buch beschreibe ich in kurzer und verständlicher Weise die, meiner Meinung nach, größten Irrtümer bei der privaten Altersvorsorge. Wenn du das Buch liest, erhältst Du unter anderem Antworten auf die folgenden Fragen:

- Welche sind die 20 größten Irrtümer?
- Warum lohnt es sich diese zu kennen?
- Unterliegst Du vielleicht dem einen oder anderen Irrtum?

Ich würde mich freuen, wenn Du reinschaust.

6.3 Buchempfehlungen

Wenn Du das ein oder andere Themengebiet vertiefen möchtest, dann kann ich Dir die folgenden Bücher wärmstens empfehlen.

Bücher zum Thema „Finanzen und Vermögensaufbau"

Autor: Dirk Müller

Titel: Cashkurs – So machen Sie das Beste aus Ihrem Geld

Autor: Bodo Schäfer

Titel: Der Weg zur finanziellen Freiheit

Autor: Robert T. Kiyosaki

Titel: Rich Dad Poor Dad

Autor Robert T. Kiyosaki

Titel: Cashflow Quadrant

Bücher speziell zum Thema „Rente und Altersvorsorge"

Autor: Holger Balodis und Dagmar Hühne

Titel: Die Vorsorgelüge

Autor: Bodo Schäfer

Titel: Rente oder Wohlstand

Bücher speziell zum Thema „Börse und Aktien“

Autor: Gerd Kommer

Titel: Souverän Investieren mit Indexfonds und ETFs

Autor: Andre Kostolany

Titel: Die Kunst, über Geld nachzudenken

Autor: Werner H. Heussinger und Christian W. Röhl

Titel: Cool bleiben und Dividenden kassieren

Autor: Susann Levermann

Titel: Der entspannte Weg zum Reichtum

6.4 Quellenangabe

In die Recherche für dieses Buch, sind neben den genannten Büchern, die folgenden Quellen eingeflossen:

Internetseiten der Deutschen Rentenversicherung

www.deutsche-rentenversicherung.de

Internetseiten des Statistischen Bundesamtes

www.destatis.de

Internetseiten des Verbraucherportals Finanztipp

www.finanztip.de

Internetseiten der Ratingagentur Assekurata

www.assekurata.de

Internetseiten des Vergleichsportals Check 24

www.check24.de

Internetseiten des Deutschen Institutes für Altersvorsorge

www.ihre-rentenluecke.de

Internetseiten zur Bestimmung der Inflationsrate

www.inflation.eu

Internetseiten zur Performance der Indizes

www.finanzen.net

Zudem lese, schaue und höre ich die folgenden Finanzblogs.

www.versicherungenmitkopf.de

www.aktienmitkopf.de

www.finanzwesir.com

www.finanzrocker.net

www.finanzfluss.de

6.5 Impressum, Haftungsausschluss, Copyright

Impressum:

Fabian Thier

Wenneberg 14

48653 Coesfeld

Haftungsausschluss:

Mit diesem Buch möchte ich Dir fundierte und zuverlässige Informationen zur Verfügung stellen. Ich habe bereits erwähnt, dass ich weder Steuer- oder Anlageberater, noch in der Finanzbranche tätig bin. Daher kann ich keine Rechts-, Finanz- oder sonstige fachliche Beratung leisten. Maßgebend ist die jeweilige Gesetzeslage und ggf. die rechtsverbindliche Einschätzung eines entsprechenden Experten. Alle in diesem Buch dargestellten Inhalte, beruhen auf meiner eigenen Interpretation der Sachlage und stellen keine Anlageempfehlung im Sinne des Wertpapierhandelsgesetzes dar. Ich habe alle Inhalte nach bestem Wissen und Gewissen recherchiert. Trotzdem können meine Inhalte fehlerhaft, unvollständig oder sogar falsch sein. Die Veröffentlichung enthält Datenmaterial aus der Vergangenheit, aus dem sich keine Rückschlüsse auf eine zukünftige Performance ziehen lassen. Anhand der Daten werden hier die zugrunde liegenden Prinzipien veranschaulicht. Das Buch ersetzt keine fundierte Beratung und stellt keine Anlageempfehlung dar. Ob und wie die Strategien und Ratschläge in diesem Buch umgesetzt werden, liegt ganz alleine in der Verantwortung des Lesers. Für Schäden und Verluste, die aus der Anwendung der Inhalte dieses Buches resultieren, kann keine Haftung übernommen werden.

11294505R00109

Printed in Germany
by Amazon Distribution
GmbH, Leipzig